学习是一面镜子，
照见的不仅是孩子，还有我们自己。
从您翻开此书，决定开始阅读的那一刻起，
您已经开启了一个关于自己和孩子的不一样的未来！

"LATS学习力提训系统"系列丛书

中学生学习力塑造

姚华伟 著

东北师范大学出版社

图书在版编目（CIP）数据

中学生学习力塑造 / 姚华伟著 . -- 长春：东北师范大学出版社，2020.9
ISBN 978-7-5681-7142-7

Ⅰ. ①中… Ⅱ. ①姚… Ⅲ. ①中学生—学习方法 Ⅳ. ① G632.46

中国版本图书馆 CIP 数据核字（2020）第 166943 号

□责任编辑：于天娇　　□封面设计：李甲鸣
□责任校对：刘晓涛　　□责任印制：徐向阳

东北师范大学出版社出版发行
长春净月经济开发区金宝街 118 号（邮政编码：130117）
销售热线：0431—84568025
网址：http：// www.nenup.com
电子函件：sdcbs@mail.jl.cn
东北师范大学出版社激光照排中心制版
河南省环发印务有限公司
新乡市新乡县七里营镇
2020 年 9 月第 1 版　　2020 年 9 月第 1 次印刷
幅面尺寸：170 mm×240 mm　印张：14.5　字数：208 千

定价：49.00 元
如发现印装质量问题，影响阅读，可直接与承印厂联系调换

序

学习力开启的"心"未来

对我个人而言，2007年有两件重要的事情：一件事是心理学研究生毕业后犹如小宇宙爆发般地一口气写了两本书，另一件事是确定了自己的专业方向学习心理学。这两件事看似无关，实际上却有着密不可分的联系，因为它们都为后来"LATS（Learning Ability Training System 的简称）学习力提训系统"的成形奠定了坚实的基础。

学习心理学，一个听起来挺专业的名词，却跟所有人相关。自2500年前孔子开创私人办学的先河，学习就一直伴随着大家。当今社会我们更是没有办法抛开学习、抛开心理学去单纯地谈工作、谈生活。学习心理学已经深入我们的骨髓，只是我们对它还知之甚少。"LATS学习力模型"就是经过大量的研究、实践，建立在学习心理学基础上的一套理论体系。

整个LATS体系的研究实验对象从所谓的"优势潜能生"（每个班成绩后5名学生），到后来的"优学潜能生"（每个班成绩前5名学生），再到后来的"中等生"，历经近5年的探索，研究维度从原来的3个增加到后来的4个，研究的视角更加细微、严谨，体系也得到了丰富和完善。

在这里要非常感谢本书的作者姚华伟校长，是他将LATS引进了郑州市第五十二中学，让LATS真正地落地生根，用大教育的视角将教师、家长和学生完美结合，围绕"学生提训课程"，增设"导师督导课程""家长提升课程"，经过3年的实践，形成了一套行之有效的课程体系。

同时，还要感谢郑州市第五十二中学的张好武校长以及全体参与LATS课程的导师们，大家相信科学、勇于创新，多次教研，多次深入交流，多次修改《提训手册》与《督导手册》，我们有绝对的理由相信，该书的出版一定会让更多的教师、学生和家长从中受益。我们所有的用心与努力，都会因为更多的人受益而凝成更大的幸福与动力。

对于该书的出版，我充满欣慰与期待，因为这是"LATS学习力提训系统"创立以来第一次以成书的方式公开露面。这本书的作者姚华伟不仅是一位校长，更是一位执着于专业和创新、拥有强烈教育情怀的教育人，在"LATS学习力提训系统"落地郑州市第五十二中学之前，他就已经与我们LATS团队进行过多次专业探讨和研究。这次他站在一个校长、一个家长、一个教师的角度全新诠释了LATS，让这本书具有超强的理论价值和应用价值，同时又结合了家庭教育和个案访谈，让本书更多了些可读性与趣味性。

本书将开启一个关于学习的"心"思考，关于学习力提训的"心"方法，关于孩子或者教育的"心"未来。

如果你是一名教师，你会由此看见"学习"背后的能力意义。

如果你是一位家长，你会由此看见"成绩"背后的心理故事。

如果你是一个学生，你会由此看见"学霸"背后的勇气力量。

王海勇
2020年3月12日

（王海勇，"LATS学习力提训系统"创始人、心时代父母研究院课程导师、中国教育学会家庭教育研究员、河南省首批特聘家庭教育专家。）

前言

中学生"LATS 学习力提训系统"的探索与实践

伴随着学习逐渐成为一种生活方式，我们越来越看重自身的学习，也越来越关注孩子的学习。但是，我们却似乎很难爱上学习，也很难让孩子爱上学习。

每当拿起书要读的时候，会被各种琐事打断；每当发誓要认真听一堂课的时候，会发现还有比听课更重要的事情；每当学到深处的时候，发现好像距离现实很远，学习似乎成了我们可望而不可即的事情。

于是，我们把更多的时间、精力放在了孩子身上，寄希望于孩子可以好好地学习。我们认为孩子拥有学习的绝对年龄优势、时间优势、精力优势……他们理所当然地"应该好好学习"，但事实并未如我们所愿，于是我们变得紧张，变得焦虑，变得草木皆兵。

我们的情绪因为孩子的学习被彻底激活，孩子的情绪因为我们也被彻底激活。我们越战越勇，孩子却越战越"佛性"。最终我们成了孩子学习的"圣斗士"，与孩子斗智斗勇，对孩子"爱恨交加"。望不尽水深火热，何处是尽头……

为了更好地帮助家长和教师解决目前遇到的孩子的各种学习问题和困惑，我们学校经过考察了解，最后毅然决然地引进"LATS 学习力提训系统课程"。经过充分的调研和教研，我们将"LATS 学习力提训系统课程"融入日常教学，通过学生自愿报名、班主任老师推荐等方式，从每个班抽调部分学生共同组成 LATS 学习力提训实验班。在课程设置上，我们通过 LATS 专家的"提训课"和学校老师担任导师的"督导课"两种方式授课，从 LATS 的 4 个维度入手，将学生、教师及家长有机结合。在课程实施的近 3 年里，有 60% 的学生在成绩上有了进步，70% 以上的学生在行为习惯与学习状态上得到了改善，80% 以上的学生通过参加 LATS 学习力提训改善了对学习的认知，重新认识了学习。教师也通过教研和督导工作，在职业成长上获得了更大的突破。今天，我们通过成书的方式呈现出来，供大家借鉴和学习。

该书结合"LATS 学习力提训系统"的"LATS 学习力模型"共分为五章，分别是：

第一章：心时代，不能不知道的"学习心理学"。

第二章：学习动力。

第三章：学习状态。

第四章：学习策略。

第五章：知识迁移。

第一部分主要对学习力的理论基础——学习心理学进行了一个阐释，虽然是理论，但是尽最大可能用通俗的语言和方式呈现出来，给大家全景展示了一个基本的 LATS 模型。第二部分到第五部分是本书的主要内容，结合 LATS 模型详尽阐述了学习力的 4 个维度：学习动力、学习状态、学习策略和知识迁移。同时为了更全面地展现 LATS 的系统观和整体观，我们在后四章分别从学生、教师和家长三个角度进行呈现，充分尊重了王海勇老师所说的"学习是一个系统，是学生、教师和家长共同促成的持久的心理与行为过程"这一初衷。

该书是一本立足学习心理学的普及性书籍，笔者希望可以用 20 多年的实践经验给每一位读者以启发与思考，让每一位读者都可以静下心来学习，且能坦然面对孩子的学业与未来。

读完以后，您将会有以下收获：

第一，植入"大学习观""大教育观"的意识。

"大学习观""大教育观"是相对于"小学习观""小教育观"而言的，在过去很长时间，我们把学习窄化成了课本知识的学习或应付考试的学习，把教育窄化成了只关注孩子的学习成绩，忽略了学习和教育本身的意义。该书将从"大学习观""大教育观"入手，帮助父母重建"丰富""梦想"与"榜样"对孩子学习的实践性意义。

第二，破解"学习基因"密码。

在全国教育科学"十五"规划、教育部重点课题《学习问题个性化解决方案》的基础上进行解剖性解读，重建父母的学习认知：所有不努力的孩子只是没有找到适合的方法；每个孩子都有自己的学习基因，可能他们不知道或者还没有找到适合自己的方法。

第三，重建孩子"学习生产线"。

我们总是把孩子学习失败归因于"不应该""不努力""不聪明"……却忽略了孩子学习的方法和过程。如果我们在孩子小时候就开始建构其学习过程，那么孩子的学习可能没有现在这么糟。如果我们把成绩当作一个产品去对待，理清它的生产过程，就不会让自己和孩子陷入"困境"。

第四，正视对"焦点问题"的处理。

对每一个焦点问题的处理都是一个"仪式"，它可能会像"习得性无助"一样植入孩子的意识，伴随其一生。该书会提供很多焦点问题的处理案例，为大家解读问题背后的视角和契机。

第五，回到"关系"的主题。

"关系是一切教育的基础"，家庭教育本身就是一个"养根育心"的过程，学校教育是一个"养干育叶"的过程。我们在章节里运用案例分析与观点阐述的方式，让大家看到日常看不到的孩子的心理世界，那里充满了阳光与希望，充满了黑暗与恐惧。我们坚信你看到的越多，你和孩子就会走得越近。

最后，给读者的一个建议就是：读完一部分后不要急于用在自己和孩子身上，最好的学习是可以通过"三省一行"的方式进行消化，把所学内化后进行应用才是真正意义上的学习。"拿来主义""移动硬盘"式的学习，我们是不提倡的，请大家谨记。如果您愿意，可以用记笔记的方式进行阅读，用刻意练习的方式进行应用。希望您阅读本书后可以促使自己成长，推进孩子学习。

如果您和我一样是一名教育工作者，那么，这本书可能会给我们的教育生涯开启一扇不一样的天窗。

是为前言，与您共勉！

（本书成稿要特别感谢"LATS学习力提训系统"创始人王海勇老师，心时代父母研究院王纪琼院长、张朝阳、王驰、王长青老师，郑州市第五十二中学参与中学生学习力提训督导课程的老师们给予的大力支持。）

目录

第一章 • 心时代，不能不知道的"学习心理学"

- 003　孩子为什么不爱学习
- 005　学习不只发生在头颅内——让学习穿越身体
- 007　重塑学习心理模型
- 009　你也能成为学有余力学生
- 011　不要把学习当成敌人去消灭
- 013　会"自动升级"的父母
- 016　孩子的情绪只是想表达与你亲近的愿望
- 020　陪伴孩子的意义
- 022　每个青春期的孩子内心都有一个"无奈的世界"
- 024　教育可否速成

第二章 • 学习动力

学生篇

- 027　学习勇气——"学习，我能行"
- 029　求学思维——从"心"开始的学习
- 031　追梦路上——画条航线给自己
- 035　启终为始——我的中考状元报告会
- 036　拨开迷雾——学习心理障碍清除术

教师篇

- 038　学习动力的两个"发现"
- 041　学习动力到底是什么

042 　如何为学生制定学习目标
044 　不要拒绝压力，那是一份礼物
046 　梦想究竟有什么用

家长篇

048 　你关注过孩子的学习感受吗——"我就想努力做一个差生"
051 　我想过几天动物一样的生活
053 　关于动机：你知道孩子在为什么而学习吗
057 　小学阶段，父母才是孩子学习的动力
059 　分是父母的命根，考是老师的法宝
061 　高考不是宗教信仰
063 　假期，是让孩子"自我入驻"的最佳时机
065 　开学，看到孩子内心"涌动的希望"

第三章 ● 学习状态

学生篇

069 　最佳状态——保持最佳学感的"三驾四式"
072 　快乐学习——拥有学有余力学生的续航能力
074 　糖衣诱惑——自控力训练
077 　有意注意——专注力训练
080 　坚毅力量——"我能"收纳盒

教师篇

084 　学习状态的生理调适
086 　学习状态的心理调适
088 　"睡得好"与"学得好"呈正相关
090 　运动开启学习之门
091 　如何调适学生的考前状态
092 　开学，不适应是为了更好地适应

095	厌师的应对流程
099	"跑神儿"到底惹了谁（一）
101	"跑神儿"到底惹了谁（二）

家长篇

103	学习状态的"三驾马车"
105	开学，让孩子有回到现实的状态和机会
107	让孩子用考得好的状态去考试
109	最动听的话：孩子，你只要尽力就行
111	如何面对孩子的学习成绩
114	考试后，不要让孩子用痛苦支撑努力
116	学习是快乐的还是痛苦的

第四章 · 学习策略

学生篇

121	学会学习——学习生产线
123	利用笔记——"烂笔头"的妙用
126	学习工具包——相见恨晚的高效学习法
128	高分之道——决胜考场的"六脉神剑"
130	查弱提分——获取总分优势的技巧

教师篇

132	成绩的五条生产线
136	如何做作业
137	让学生知道"复习决定成绩"
139	考试心理操——重塑高考"梦想模型"
141	浅谈初中数学活动课的教学策略
144	高考如何考高
147	错题管理

家长篇

149　如何应对孩子做作业拖拉

152　青春期孩子"消极对抗"的秘密

155　你正在成为你"爱"或者你"恨"的人

158　了解孩子的学习基因

第五章　知识迁移

学生篇

169　知识迁移综述

171　学习心理操——打造我的"学习景观带"

172　考试心理操——打造我的"考试领奖台"

174　学习地图——化零为整的学习策略

177　整合式学习——适己性学习策略

179　课本照进现实——让学习穿越身体

教师篇

180　如何对学生进行学业规划

183　如何帮学生建立自己的"知识回路"

185　成为学有余力学生的四个条件

187　教学中要注重学生"情商的培养"——以数学教学为例

家长篇

190　如何制订暑期"玩学计划"

192　"你让我看到了以前我不愿看到的那片黑暗"

194　寒假不要再让孩子"知识消化不良"

197　自学，是解决学习成绩问题的唯一出路

199　让孩子发现自己的天赋

200　养育危机是孩子成长的契机

203　允许孩子纠结

205	溺爱孩子其实是宠爱自己
207	"爱"在教育与人类发展中的意义
209	父母的"犯错恐惧"可能会屏蔽孩子一半的世界
212	"等待教育"是为了找到最好的结果

第一章

心时代，不能不知道的"学习心理学"

学习心理学：

从"学习动力"到"学习状态"，再到"学习策略"，最后到"知识迁移"，这是一条学习的正道。

研读重点：

学习也是一种生理活动。
了解孩子的"学习基因"。
成绩不是"敌人"，学习不是"战斗"。

孩子为什么不爱学习

学习是一种既古老又永恒的现象，每个人都可以经由学习连接内在心理世界与外在物理世界，尤其是从孔子开创了"学习改变命运"的新纪元以后，我们一直相信并享有学习带来的诸多福利。

但是不知道从什么时候开始，我们对知识不再敏感，对学习不再热情，开始在"空心"的状态里游离着。孩子也开始用他最本能的"逃避"和"战斗"的方式来对待学习。那么究竟是哪些原因导致孩子无法爱上学习？

第一，狭隘的学习认知。

我们重新认识一下"学习"。学、习是象形字，"学"的上半部分是个"门"，里面装着很多"文"（文化知识），下半部分是个"子"，意指把孩子送到门里面去学知识。"习"的上半部分表示鸟儿展翅欲飞，下半部分代表巢穴，意指一只雏鸟欲离开鸟巢，展开翅膀练习飞翔的能力。

教育的过程其实就是"学"与"习"的过程，送他走进去，再让他飞起来。这是一个自然而然的过程，但是现在我们似乎感受不到这种自然而然，一切都显得那么刻意和功利。

无论父母、老师还是学生，都在"分数"的指挥棒下将学习窄化到了"课本"与"考试需要"，忽略了现实生活中的经历和体验。所以我们总是生活在分裂中，不断追问"学习有什么用"。只有将学习丰富到一个更大的空间与更远的未来，我们才能实现学习的"连接感"。

第二，痛苦的学习体验。

我们相信，甚至是盲目地相信"学海无涯苦作舟""吃得苦中苦，方为人上人"，直接把痛苦情绪代入到了学习中，这与人趋乐避苦的本能相违背。学习本身是大脑皮层的一种认知活动，最终变成了大脑的一种情绪活动。在情绪里纠缠越多，真正的学习越少。

第三，缺失的学习动机。

孩子的学习动机，即"为什么学习"，是学习思考、学习行为、学习结果中最核心的部分。动机是随着年龄而变化的，但是在父母或者老师心里却只有"为你自己学"，对一个还没有"自我入驻"的孩子来说，他甚至并不知道何为"自己"。教育者对于学习动机的了解是需要，甚至是必须的，我们在后面会进一步谈到该部分内容。

第四，匮乏的学习方法。

随着教改的深入，我们发现考试开始走进现实。2018年河南小升初试卷出现"博物院套餐"考题，让很多老师和家长瞠目结舌。也许这只是一个开始，这个开始是一种与时俱进，是一个信号，告诉大家纯粹的"死记硬背"已经开始逐渐退出学习舞台，由方法应用引发的能力将成为主流。正如联合国教科文组织的埃德加·富尔所说："未来的文盲不再是不识字的人，而是没有学会怎样学习的人。"

第五，严重的学考压力。

很多孩子不是因为压力而焦虑，而是因为执着于压力才焦虑。这也是导致很多孩子进入不了学习状态的重要原因。

压力是所有人必须要面对的，但是如果执着于压力，就会影响正常学习。我们要教会孩子的不是"减压"，而是与压力"共处"。

以上是笔者在开展"LATS学习力提训督导系统"校本课程和个案咨询工作中发现的五个孩子无法爱上学习的原因。

不过可以确定的一点是，在你开始决定读本书的时候，我相信你已经走进了与时俱进的轨道，准备开启关于自己和孩子不一样的未来。

学习不只发生在头颅内——让学习穿越身体

我们普遍有一种认知——学习是大脑的活动，但是现在越来越多的神经科学研究告诉我们：学习并不仅仅在脑袋里发生，还在渗透于全身的神经系统内进行。运动身体与运用脑筋，其实是通过同一套神经网络活动完成的。

美国芝加哥附近有一所中学实施"零时体育计划"，即在正式上课之前，让学生早上七点到校，跑步、做运动，要运动到心跳达到最高值或最大摄氧量的70%才开始上课。

实验刚开始时家长都反对：孩子本来就不愿早起上学，再去操场跑几圈，岂不会一进教室就打瞌睡？结果发现正好相反，学生反而更清醒了，上课的气氛更好了，记忆力、专注力都增强了。同时，他们还做了一个实验，将学生最不喜欢、最头痛的课，如数学，排在上午第二节和下午第八节，结果令各位家长都觉得不可思议：在一段时间的学习后，上午那一组明显比下午那一组的成绩要好很多。

那么究竟是什么原因仅仅通过运动就可以改善学生的学习与人际关系呢？

研究者发现，主要原因在于早上七点的运动，使神经传导物质，如多巴胺、血清素、去甲肾上腺素等整个上午都活跃在大脑里，这样更容易激发大脑的潜能去分析题目，记住解题方法。一学期下来，这组学生的阅读、理解能力比常规上体育课的学生高了10%，而且打架事件也减少了。在美国肥胖率达30%时，他们学校的肥胖率只有3%。

微型干预带来巨大变化，让我们看到了身体的"动"对学习的"静"带来的有形效果。

很多时候，我们要求孩子"坐而论道"式地学习，并坚信时间是取得好成绩最有效的保障，不断压缩孩子身体活动的时间，以为这样就可以提升孩子的成绩。但是这样做往往适得其反，导致很多孩子没有铺好学习本身所需要的"神经通路"。

同时，有研究对有特定学习障碍的儿童进行培训（我们留意到，活动必须是轻松的、好玩的，并且最好是连同整个家庭一起做，或者至少有一个主动参与的家长，以至儿童不会觉得被分别出来了），结果是这些孩子的学习能力也有了很大提升。

对成年人来讲，通过身体的动作整合身心脑系统，可以让我们在各个方面有最佳表现，例如运动竞赛、音乐、舞蹈、话剧等。当我们整个脑部有效率及整合地发挥功能，我们能够轻易地把握大局并着眼细节；有一个均衡的身体结构，做出当下我们需要的行动；更重要的是，我们能够以同理心和利他的态度，与生命中碰上的人联系。

另外，年龄越小开始整合越好，我们在孩子12岁之前尽可能让他保持参与，保持体验，保持运动；12岁以后，发展他的思维能力，通过生命的技能，通过刻意的练习，这种机能已经有了，到时候只需要激活一下就可以了。所以，运动可以促进学习。

因此，学习不是大脑单一的活动，而是身体、心理和大脑共同参与的一个过程。

真正的学习，是让学习穿越身体的过程。

重塑学习心理模型

在很多父母和老师的眼里，学习就是人掌握知识的过程，但是真正的学习却是这样发生的：状态+策略+知识/内容。

我们在日常认知里直接忽略学习状态和学习策略，在学习行为中也鲜有顾及，即使顾及，也是像学习知识一样学习它，而非像使用工具一样使用它。某学校有3位生涯规划老师，而且隔周就要给学生上一次生涯规划课。那次去学校正好赶上一位老师上课，被应邀去听并给予一些指导，听完课以后，我很失望，因为老师把生涯规划课上成了文化课。本身是应用性学科、工具性学科，却硬生生地成了知识课，学生除了掌握一些生涯知识外，并没有真正运用这些知识来设计规划自己的生涯。

学习状态是打开学习之门的钥匙，是一个人的生理、心理与认知的整合状态，是指在学习时的情感、态度、思维等活跃、积极、接纳、参与状态的综合，进而表现出一种自然、放松而专注。

每个人都会受到状态的影响，却总是忽略它，作为父母要看到两点：

第一，我们的情绪状态会直接影响孩子的学习状态。

第二，我们可以协助孩子主动探索最有益于自己的学习状态。

学习策略是高效学习的工具，是对学习的管理加工过程，包括认知策略、元认知策略和资源管理策略。

认知策略包括复述、精加工和组织，主要是对知识进行有意识的掌握、关联与架构。首先，运用内部语言在大脑中重现学习材料或刺激，以便将注意力维持在学习材料之上。然后，将新学材料与头脑中已有知识联系起来，以增加新信息的意义。最后，整合所学新知识之间、新旧知识之间的内在联系，形成新的知识结构。

元认知策略包括计划、监控和调节。首先，根据认知活动的特定目标，在一项认知活动开始之前计划各种活动、预计结果、选择策略、解决方法，并预估其有效性。然后，根据认知目标及时评价、反馈认知活动的结果与不足，正确估计自己达到认知目标的程度、水平，并且根据有效性标准评价各种认知行动、策略的效果。最后，根据对认知活动结果的检查，如发现问题，则采取相应的补救措施；根据对认知策略的效果的检查，及时修正、调整认知策略。

资源管理策略包括时间管理、学习环境管理、努力管理、学习工具使用、人力资源利用等，主要通过资源整合的方式使学习活动本身更具效果和魅力。

知识和内容是学习活动的赠品。

学习的目的是创造更加美好的生活与世界，而不是掌握知识本身。当孩子已经具备了学习的良好状态和策略的时候，知识的掌握就成为水到渠成的事。

掌握知识不是学习的目的，它只是学习的赠品，用以武装我们的心灵和精神生活。

学习是一件需要智慧的事情，不容易，但是也没有那么难。

在学习逐渐成为一种生活方式的时候，我们帮助孩子重新认识学习并具有学习的能力，无疑是为孩子的明天插上了一双可以自由飞翔的翅膀。

你也能成为学有余力学生

当我们看到"学有余力"这个词的时候,自然而然就会想起另一个词——"学习困难"。

为人父母者都想让自己的孩子成为学有余力学生,不想沦为学习困难学生。但是,我们在面对孩子成绩不好、写作业拖拉、对学习没有兴趣等一系列问题时会抓狂,于是就疯狂找家教、做计划、定规矩……36般武艺耍个底朝天,也仍然没有把孩子的成绩提上去。那么究竟是为什么呢?我们发现80%的孩子学习成绩上不去其实都有一个共同的原因:"习得性无助"。

心理学家马丁·塞里格曼用了24只11~13千克的混血狗做了一个实验。他先把狗随机分成A组和B组,然后同时在90秒的时间里电击它们64次。狗被电击的时候会到处乱窜,A组的狗只要在墙上挤一下自己戴的项圈,开关就打开了,可以避开电击;B组的狗被电击以后也去挤压那个项圈,但那个项圈是假的,无论如何都是打不开的,它们会一直遭受电击。第二天,把这两组狗都放到箱子里。10秒钟之后,电击开始,狗待的那个地板会通电,狗会受到电击。这个时候狗轻轻一跃,越过中间隔板到另外一边,就可以避开电击。结果A组很快学会了如何避开电击,但B组怎么学也学不会,最后干脆放弃了。7天以后,再把B组放回来重新做这个实验,它们还是学不会。

A组和B组是随机分的,谁都不比谁聪明。唯一不同的是A组学会了怎么控制项圈的按钮,学完之后,心理上有成就感了;B组怎么学也学不会,屡试屡败,然后就产生了"习得性无助感"。

从这个心理学实验中,我们看到A组和B组最大的区别就是A组曾经成功过,B组没有成功过,而且怎么努力都不能成功,于是就从自己的经历中获得了一种习得的经验。说白了,只要孩子愿意打破"习得性无助"的魔咒,他也可以成功。

所以,成功是学习的结果;失败,也是学习的结果。

如果说学习困难学生是"习得性无助"的话,那么学有余力学生就是"习得性成功"。如果你想让孩子成为学有余力学生,可以不断给孩子创造成功的机会和体验,让他从此自信满满,学习路上畅通无阻。

不要把学习当成敌人去消灭

中考、高考之前,我去多所学校上考前心理课程,发现每所学校都在以自己的方式激励学生战胜中考、高考,今日也拿来一些和大家分享:

"苦尽甘来,十年寒窗苦读效三皇五帝逐群雄;师生同喜,一朝金榜题名成八斗奇才傲天下。"

"高考是个没有硝烟的战场,唯有破釜沉舟,方能金榜题名!"

"全面复习要'地毯式轰炸',查缺补漏要'精确制导'。"

"只要学不死,就往死里学。"

"提高一分,干掉千人。"

"不苦不累,高三无味;不拼不搏,高三白活。"

"一切为了高考,高考就是一切。"

"决战高考,改变命运。屡挫屡战,笑傲群雄。"

··············

充满火药的气息和战斗的残酷,不像学府,更像是战场。有的学校甚至将高考激励条幅挂满整栋教学楼,密密麻麻的标语不仅书写着高考的残酷,而且书写着学生时代的艰难。

每当这时,我都有一种"千斤压顶"的感觉,说不出的窒息感。我们是否可以换一种方式去面对学习?我们是否可以换一种心情去面对高考?难道我们必须要用这样的高压、高控来实现人生的梦想吗?

我无意说这种方式的不是,因为我也这样经历过,我也愿意相信这是学校可以想到的、能够采取的最好方式。

所以,每次给学生上考前心理课程或做咨询时,我都尽可能地让考生在自然、放松而又专注的状态里完成学习与接受辅导的过程。我知道这种感觉也许是短暂的,但是我相信他们会在有了这种体验后将此应用于他们的日常学习与生活中,为紧绷的神经寻得半刻缓冲。

学习本就是人类的本能，是一种自身成长的方式，是我们融入社会的一种手段。但是我们却自小被灌输"学习是需要战胜的敌人"的观念，当我们把学习（或者一道题）当成敌人的时候，我们也就把自身成长和融入社会对立了起来，甚至可以说我们是在与自己为敌，与社会为敌。当一个人与自己为敌、与社会为敌的时候，就"只有死路一条"。

自 2009 年以来，我发现厌学、弃学、辍学的孩子年龄越来越小，这不是偶然，背后的原因也值得我们反思。

我们用一种近乎强制的方式对孩子进行过度的教育，用对立的方式让孩子对学习、对中高考"痛下杀手"。厌学、弃学或辍学的学生也许只是想用自己的方式寻找自己，寻找不一样的学习方式，寻找自己想要的未来。

我在整理心理咨询笔记时发现，能够与学习建立良好关系的学生，学习成绩都不会差，而恐惧与厌烦学习的学生却都必然成绩不佳或难以突破。说到底，这是学生自身与学习的关系问题。

我们可以用"敌人"来刺激孩子的斗志，为什么不能用"亲密"来激活孩子的毅力？

相较于斗志，可能毅力带给孩子的更多。

不要迷信斗志带给孩子眼前的胜利，它开启的也许是一生的纠结与失败。

让孩子发自内心地爱上学习，就是爱上自己！我们没有必要让孩子与自己为敌，更没有必要让孩子与世界为敌。

中考、高考是我们协助孩子爱上自己的时机，爱上自己的青春才能无悔，爱上自己的青春才能自由绽放生命的精彩！

会"自动升级"的父母

"有一次在孩子学校听教育专家的课,专家罗列了父母的十大教育误区,我都一一对比,发现自己真的是一个不合格甚至十恶不赦的家长,我几乎占全了。回来以后,我极度自责和内疚,我觉得自己欠孩子很多,我再也不敢对孩子吵骂责打了,甚至说话都非常小心。有时候我想说、想做点儿什么又怕伤害孩子,我都不知道自己该怎么面对孩子和教育孩子了,我以前从来没有这样的感觉,我很痛苦……"

这是一个妈妈的描述。

很多时候,我们喜欢用所谓"没有教不好的孩子,只有不会教的父母""父母是原件、孩子是复印件、家庭是复印机""一个问题孩子的背后一定有一对问题父母""孩子的问题都是父母的问题"等看似很对的"口号"将孩子的问题紧紧扣在父母的头上,还会罗列很多的例子来证明。而父母是没有退路的,只能戴着"有罪"的帽子继续地教育、影响着孩子。我们试想,一对被公认"有罪"的父母、一对被责备得体无完肤的父母、一对在内心也确认自己"有罪"的父母,怎么能给孩子一个健康的成长环境?

如果按照之前的"复印件"逻辑,我们岂不是在用我们所谓的教育制造更多的"罪犯"?想想都觉得是可怕的。

我今天想说的一个观点是:还在责备父母的教育也是一种不成熟的教育!还在责备父母的教育者也是一个不合格的教育者!

父母不应该受到责备,而应该受到引导和培训,因为父母在他们"犯罪"那个当下的认知基础上给予孩子的一定是他们认为最好的!这一点我们必须看到和承认!

受到责备的父母,可能会有以下几种心理:

第一种,道理上很认同,但是感情上很难接受。

这就是很多父母在学习的那个当下很激动,回家却不行动的原因。我们听到的很多道理在某种程度上都具有极强的欺骗意味（甚至也包括本文在内），逻辑上的密不透风和无懈可击让我们构架了一个幻想的真实，当下信以为真。但是每当回到现实，面对着与"幻想的真实"不一样的真实，就会全线崩溃，对眼前真实的设计者（自己）痛恨不已。

作为成熟的父母，我们还需要明白：现实不仅仅需要道理，还需要情感投入以及行动与坚持。

所以，每次学习过后，我们会很容易回到过去，但是我们依然告诉自己"我学习了"。其实这也是一种自我欺骗。很多现下的"学习成瘾者"其实都活在持续的自我欺骗里。

因为真正意义上的学习是"由经验引起的持久或相对持久的心理和行为上的变化"。

在这里有四个方面：经验、持久、心理和行为、变化，这四个方面共同构成了真正意义上的学习。

第二种，道理和情感上共同认同，然后开始自责。

道理和情感的认同对于不能驾驭自己的父母来说，很容易自责与内疚，并用自责与内疚推动自己行为上相对持久的改变，就像文章开头所描述的那位妈妈。

自责意味着否定过去，否定过去意味着背叛和分裂，继而又会引发更多的痛苦体验。痛苦体验又会引发神经性、本能性的逃避与对抗反应。所以，真正意义上的学习仍然很难发生。

共同认同引起的自责还可能引发父母的补偿与愧疚心理，在接下来的改变里走向与原来的教育方式相对的另一个极端。比如，由原来简单粗暴的教育突然变成过度关心与溺爱。且不说自己不适应，孩子也很难适应，即使孩子可以适应，也可能引发其他的教育问题，诸如"我爸是李刚""父母皆祸害"。

所以，父母要做的只是通过真正意义上的学习成为"最好的自己"。

首先，确认并肯定过去那个版本的自己给予孩子的都是最好的。

确认自己的过去会让我们以更加坦然的心态面对孩子，"过去的我没错"，从对自己过去的肯定出发去发现、改变与升级自己，让孩子也可以很坦然地面对父母："过去的我也没错"，我也可以不断地发现、改变与升级自己。与孩子共同成长，在此时此刻才开始发生。

其次，与孩子一起站在各自"理想的自己"的高度进行对话。

这是一件挺难的事情，因为我们一方面要明确"理想的自己"，还要帮助孩子发现"理想的自己"。在父母把"挣钱"作为活着的目的，孩子把"分数"作为活着的目的的现实里，我们都很难看到那个"理想的自己"。但是好在有"相对论"，我们可以相对地、有意识地去幻想与规划一个相对比现在这个版本更高的"理想的自己"。让我们在为生活奔忙的时候，还能享受生活。

当我们每个人都站在"理想的自己"的高度与他人交往和互动的时候，内心会充满尊重、理解与幸福。

肯定过去的自己是真正成长的开始！无论是父母还是每一个看到此文的"我"。

孩子的情绪只是想表达与你亲近的愿望

假期,孩子回到家里,对其产生重大影响的重心也自然而然地从学校转移到了家庭。父母该如何应对孩子的各种情绪?无论是正向的还是负向的,都在考验着父母的智慧与能力。

一、孩子喜悦

"妈妈,我对自己期末考试成绩还是很满意的,比上次进步了50多名。"

"想要什么,说吧!"

从这位妈妈的话里,我们听到了什么?

当孩子表达喜悦的时候,只是喜悦,而我们却总会主观臆测孩子喜悦背后的意图,导致喜悦瞬间从心理转向了外在现实。发乎于心的喜悦消失的那一刻,自我也被削弱了很多。

从妈妈的一句回应,我们至少可以看到三个习惯性模式:

1. 情感能力匮乏。

所谓情感能力是指我们感受他人并做出情感回应的能力,这位妈妈忽略孩子的情感体验,直接表达自己的臆测结果,显然会让孩子内心产生失落,接下来的结果可能是忽略自己内心的喜悦体验,转向妈妈的引导。这个过程本身就是在让孩子变得越来越不关注自己的内心。

孩子表达喜悦,只是想要实现喜悦绽放,获得妈妈的认同,进而体验喜悦升级后的价值与满足,获得继续的力量。

2. 交换。

至少在这位妈妈的世界里,"交换"是她的习惯性模式,看到了孩子的付出,就习惯性给孩子一些东西来交换孩子的成果,表面上也许是增加了孩子的喜悦浓度,但是事实上会误导孩子"我是在为妈妈而学"。这对于孩子学习动机的激发显然是不利的。

3. 物质化。

物质可以使人喜悦，但所有的物质满足都可以给人带来喜悦吗？过度的物质会让我们丧失本心，父母更需要维护孩子的本心。

被物质化的现代父母，表面是务实，事实只是务外在的"实"，而忽略了孩子内心的"实"。其实，关注孩子的心理体验也是一种"务实"。

真正的喜悦是一种发乎于心的成长力量，无论是孩子的喜悦还是父母的喜悦。

二、当孩子悲伤

"从学校回来，孩子一直把自己关在屋里，哭得特别伤心……我们一直在门口劝，越劝哭得越厉害……"

面对孩子的悲伤，我们会习惯性安慰与劝导，但是让我们不解的是孩子为什么会排斥与不接受？

我们可以体验一次，当自己悲伤时，接受他人劝导，自己内心深处的真实体验是什么。

1. "有人关心我，我觉得自己是温暖的，但是他们的关心并不能解决我的悲伤，反而让我更有负疚感。"

是的，对于很多孩子而言，他们从父母那里获得了过剩的爱，他们在父母强大的爱的攻势下种下了自责、弱小的种子。因为无力回报，父母的爱已经变成了爱的"死海"，有的孩子甚至开始排斥父母一厢情愿的爱了。所以，当我们去劝导的时候，其实是在为"死海"注入更多的水，更强烈地溢出来是必然的。

2. "我只想一个人静一静……但是他们不停地说，让我更加地烦……"

我们有时在面对外在变化的时候，会习惯性地站在自己的角度思考："我必须做点儿什么！"其实，很多时候，我们需要做的也许只是等待与陪伴。因为情绪都是个人的，也就是谁的情绪谁负责。如果说我们非要为别人的情绪负责，可能就是对他人的误导，也是对自己的误导。

当我们真的被孩子的情绪干扰到而去安慰孩子的时候，也许不是孩子需要安慰，而是你需要孩子通过回应来安慰你。

3. "我内心里虽然希望他们安慰我，但是我更知道自己总有一天要独立面对问题与挫折。"

陪伴与等待是一种不同的安慰，也是不一样的亲近，这种亲近不是外在的关注，而是发自内心的深深的理解与共情。如果父母可以带着这些去面对孩子的悲伤，那孩子会在成长的路上变得越来越独立，会用更成熟的方式与你亲近，此时，你会发现你与孩子有了更亲密的心理关系。

三、孩子愤怒

"有一次我们发现孩子半夜还在玩手机，夺的时候没夺过来，孩子一下子就把手机给摔了……还说我摔了也不会给你……"

愤怒的时候其实都是当事者最无助、最脆弱的时候，但是作为父母却会自然地认为自己受到了极大的威胁，这是一个有意思的外在逻辑，因为我们相信我们看到的。

从上面的案例我们可以看到孩子的两个无助：

1. 被侵犯无助。

当孩子在做自己认为有意思的事情时，却被父母的抢夺打断，孩子首先感受到的是"被侵犯"。面对侵犯，孩子的本能反应是保护自己，对抗"外敌入侵"。当然也有一种可能是孩子接受事实，但是如果没有一个良好的关系基础的话，青春期的孩子是不会那么容易接受事实的。

2. 绝望性无助。

摔掉手机是孩子应对父母侵犯最有力的措施，因为既可以保护自己，也可以"示威"以吓退来犯，所以对于孩子来说是最好的选择。但同时也可以看到孩子内心对于父母的深深绝望，摔手机可以让父母与自己都陷入更大的绝望，这样就可以"自己说了算"。

从孩子的愤怒，我们还可以看到一个机会：

愤怒本就是一个人自我防御的本能情绪，当孩子愤怒的时候，我们可以退一步，看孩子是否有能力摆脱我们而独立。退出情境，消化孩子的表现，也给孩子消化自己表现的机会，是我们可以选择的。

同时，事件过后，消化过后，亲子双方都会进入成熟的心智状态，进入前额叶智能层面来思考如何重新面对，这对于孩子和自己都是一种成长与进步。

面对与处理孩子的情绪，是父母与孩子之间的共同功课。情绪是情感的前沿阵地，也是人和人之间接壤的地方，这个地方的和解与和谐是达成彼此亲近与情感满足的前提条件。

陪伴孩子的意义

陪孩子是很多中国父母缺失的一课，无论是因为社会原因还是个人原因，我们都无法回避因陪伴不够给孩子带来的成长动力不足的事实。

中国的父母陪孩子的时间是最少的，而且少得可怜。更有甚者，孩子从生下来就寄养在爷爷奶奶身边。一年之中，孩子见父母的机会就那么几次，孩子见到父母的时候，不是在享受亲情，而是躲而避之。我们在孩子身上花的钱要比花的时间多，我们总把钱当作是给孩子的爱，却不知道孩子需要的只是爱。

记得曾有一个高三的男生自愿来做心理咨询，他对妈妈提出的唯一要求，是让妈妈在高考前的半年时间里陪一陪自己。他说，在他的记忆里，妈妈好像总是很忙，似乎从来没有时间陪他。即使很小的时候写作业，也都是自己一个人。当妈妈听到这些的时候，第一反应是你是小小男子汉，你已经长大了，不需要妈妈陪。孩子说自己小的时候，妈妈也总是用这句话来"鼓励"他，似乎他从来就没经历过童年。孩子听到妈妈说自己是大孩子的时候，总是很坚强地一个人去做，但是做完以后，心里却总是很失落。孩子现在知道，那只是妈妈给自己找的一个借口。

直到高三，孩子发现自己要一个人独自去面对高考的时候，发现自己真的没有办法独自承受。于是，孩子向妈妈提出了一个发自内心深处的请求。那年，这个孩子考上了大连外国语大学。后来他回来找我的时候说，他考学的那段日子，是自己从小到大最幸福快乐的日子。虽然学习苦，但是一看到有妈妈与自己一起面对，就觉得超级幸福和充实。

每个孩子来到这个世界的时候，都是孤单和没有安全感的，通过观察、倾听、体验和这个世界建立了联结。孩子通过父母的眼神、表情与动作，与内在的自我建立了联结，也就奠定了一个孩子成长的心灵基础。多少时候，我们是在孤单中度过的，我们并没有真正从父母那里得到我们想要和需要的。

我们在孤独与惶恐中度过了童年，当我们长大了，父母却总是抱怨我们学习没有毅力，做事不认真，意志不够坚定……

其实，用心陪伴孩子的过程是给孩子输入营养、意义与力量的过程，也是自我修复童年成长缺失的过程。也许很多时候我们没有抓住陪伴孩子的机会，也与自我成长的机会失之交臂。

陪孩子一起长大，让孩子在成长的道路上走得踏实、自信而又坚定，也让自己的生命没有缺憾！

每个青春期的孩子内心都有一个"无奈的世界"

上周日,给最后一个预约的学生做完心理辅导,在整理咨询记录的时候,突然有这样一种感觉:似乎每个前来咨询的孩子内心都有一个"无奈的世界",那里只有自己与凄凉。

我们很难想象一个一到学校门口就会头疼的女生的无奈……

我们很难想象在强迫、痛苦里挣扎的无奈……

我们很难想象在父母清单式教育里生活的孩子的无奈……

我们也很难想象因成绩不佳与父母谈话时的无奈……

…………

他们没有选择爆发,也没有选择沉默。他们只是在自己无奈的世界里纠结。

这就是青春期的他们,表面如夏日般充满活力,内心如秋日般凄凉。他们喜欢这种矛盾的感觉,矛盾让他们真正感受到自己是存在的,感受与探索着自己的位置。所以他们冒着被处分的危险也要翻墙而出,只是为了不那么"憋屈"地活着;他们宁肯彻夜不眠,也要完成一篇关于他与她的小说……

其实,在他们无奈的世界里没有方法,他们也不需要方法,他们只是想体验无奈世界里的那份凄凉。

我们能做的不是走进他们的世界,而是在他们的世界外面静静地观察与等待。让他们在无奈的世界里看到我们的存在与陪伴。

青春期就如同一个侠客在走进江湖之前最后的"闭关",通过闭关整合与确认强大的自我。因为青春期过后意味着他们要走进成人世界,所以一方面他们对世界充满好奇,一方面又对世界充满恐惧,在这种纠结里,他们需要尝试各种方式,甚至是极端的方式。

如果父母不了解孩子,就会习惯性地用自己认为正确的方式去干扰他,我们可以设想一下:一个在"闭关"的"侠客",当有人去不断打扰的时候会出现什么结果?

结果无非两个：要么"走火入魔，半途而废"，要么"忍痛割爱，排除干扰"。"走火入魔"就意味着自己步入歧途，走向极端；"排除干扰"则意味着让父母更加痛苦。

笔者在咨询实践中发现，越是在儿童时期"听话"的孩子，到了青春期"闭关"时越是"专注"，一旦被干扰，对抗的力量则更"强大"。这让很多父母感到崩溃。

所以，面对青春期的孩子，我们需要学会"远观"与"陪伴"。慢慢退出孩子的舞台，让孩子通过自我整合与修炼创造自己的人生舞台。

教育可否速成

"有一个专家说把孩子送到北京参加他们四天的培训课程,就可以还我一个懂事、优秀的孩子,我当时真的心动了,但是觉得费用太高了。回到家跟爱人商量,爱人说如果真能把孩子救过来,倾家荡产都行……但是孩子死活都不去……"

这是一个父亲来求助时说的一番话,除了感受到这对父母的无奈,更让我感到"走形"后的"教育"的可怕。

在从事学习心理学与家庭教育研究和实践的10多年时间里,我从未见过哪一种教育方式可以把所有的孩子都教育好,也从未见过仅几天时间就可以让一个孩子"洗心革面"。

三国时期著名的思想家王昶有一句极经典的话:"夫物速成则疾亡,晚就则善终。朝华之草,夕而零落;松柏之茂,隆寒不衰。是以大雅君子恶速成。"意思是说,天下万事万物,如果很快就成功了,肯定坚持不了多久就会走向衰亡;如果夯实基础循序渐进,那么它可能会走得很好。

"速成"似乎已经成为当下生活的主旋律,我们围绕"科学"与"速度"疲于奔命,盲目自大。每个人都在这个环境里随意游离,任何人都可以随意地解构与建构,父母丢失自我的同时,也让成长中的孩子更加迷茫。

往大了说是环境所致,往小了说是自我缺失。

我们的社会环境如此,但是如果作为教育者的我们也认为教育可以如此,我觉得那是我们教育者的悲哀,也是文化的悲哀。

教育的"根"在人的本质与人的发展规律,这是基本的底线与良知。如果我们忽略了这个"根",就不能称自己为教育者。那些所谓的"教育专家"用夸大的言辞吸引着自我缺失的家长,挥霍着孩子的自我与未来,同时也在消耗着自己的生命与职业带来的幸福。

亲爱的父母和老师,试着让自己慢下来。慢下来,也许你就不会那么迫切地想要改变孩子,你会发现你已经在帮助孩子,帮助他找到那个被迫切的你带丢的自我。

让教育慢下来,做有"根"的教育,我们一路同行!

第二章

学习动力

学习动力：

学习动力不仅仅是给学生树立了学习目标，还有两个重要的心理学指标：学习动机与学习体验。

研读重点：

学生篇——让学习走进每个学生心里，然后带着温暖绽放。

教师篇——让温暖走进每个教师课堂，然后带着智慧生辉。

家长篇——让榜样融入每个家长言行，然后带着力量助力。

学生篇

学习勇气——"学习，我能行"

所属模块

学习－动力模块

课程设计理念

学习，是一个需要自我积极参与的活动，它需要学生了解自我，并对自我的各个方面形成积极的正向的认识，才可能建立"学习，我能行"的自信心。有了这个原动力，才能开始学习的行为，并能长久保持学习的积极状态，把学习这件事做好。

很多学习不好的学生不是智力有问题，是自我认识与肯定出了问题，产生了"我不能"的学习无力感。所以，怎样让他们看到这些导致学习无力感的真相，就显得非常重要了。

课程目标

一、帮助学生认识错误的认知观念对学习的消极作用。

二、帮助学生建立学习自信。

三、教会学生一些"学习，我能行"的具体操作方法。

四、增强学生的学习自信，使学生能够自我管理、自我激励、胜任学习。

课程准备

提训教案、视频（"智障"男孩、最强大脑选手周玮）。

课程过程

一、课程导入：习得性无助（24只狗的实验）。

二、植入信念：

（一）学习是人的一种本能。

（二）学习不是智力的事，而是非智力的事（播放视频）。

三、活动体验：体验"我能行"（10秒钟鼓掌多少下）。

四、冥想／描述：遇见最好的自己。

五、作业：写一篇给最优秀自己的短文，200~300字。

六、结束语：学习是"我能行"的智慧。

求学思维——从"心"开始的学习

所属模块

学习–动力模块

课程设计理念

我们知道,学习动力是让学生行动起来最核心的推动力。学习动力来自两个方面,一个是内在的,一个是外在的。外在的动力来自外界的刺激。被动学习的学生,就像电子表,电量足就走得快,电量弱就走得慢,没电了,就停止了;主动学习的学生,就像机械表,只要内置完善,就会持续运转,永不停息。所以,帮学生找出自己的内置动力,就能让他们对学习充满力量,更加自信,愿意主动学习、持久学习。

课程目标

一、帮助学生厘清学习迷茫、无趣、被动的原因是缺乏内在学习动力。

二、通过互动环节,激发学习动力。

三、使学生认识到学习是自己的事情,是自己能够掌控的事情,是可以通过努力来达到自己预期的。

课程准备

"我想对你说"表、梦想板、笔。

课程过程

一、课程导入:鬼谷子的开学典礼和毕业典礼。

二、发放表格并填写。

三、小组分享讨论。

我的学习宣言：从现在开始，我会全力以赴配合课程、突破自我、支持小组、实现梦想，并用行动实现自我蜕变与提升。在课程上，我会遵守以下要求：1.主动，我是主动参与课程的；2.守时，我每次上课都会提前2分钟到达教室；3.保密，我对所有同学的分享和行为完全保密；4.负责，我会为自己在课程中的所有言行负责；5.自律，我会自觉遵守课堂秩序及导师指引，主动创造性跟随课程进度；6.态度，我可以"无论如何，全力以赴"地完成每次课程作业。

四、作业：填写我的梦想板。

五、结束语：梦想可期。

附："我想对你说"表

	我想对你说……
我想对学校说	
我想对老师说	
我想对学习说	
我想对自己说	

追梦路上——画条航线给自己

所属模块

学习 – 动力模块

课程设计理念

梦想，是每个人奋斗的方向；梦想，是每个人追逐的目标；梦想，也是每个人人生的照明灯。所以，每个人都应该找到自己的梦想，并为实现梦想而努力奋斗。

课程目标

一、帮学生找出自己的梦想。

二、引导学生为实现梦想做出切实可行的计划。

三、让梦想照进现实，让学生能切实施行计划。

课程准备

梦想的故事一则、白纸、笔。

课程过程

一、课程导入：梦想的故事。

二、检视"我的梦想板"。

三、绘制"梦想导航图"。

四、分享与讨论"梦想导航图"。

五、作业：装裱"梦想导航图"。

六、结束语：我的未来不是梦。

附：
1. 想象五年后的你

19岁那年，也就是1976年的冬天，我在休斯敦太空总署的航天飞机实验室里工作，同时也在总署旁边的休斯敦大学主修计算机专业。每天学习、睡眠与工作几乎占据了我的全部时间，但只要有多余的一分钟，我就会集中精力投入音乐创作。我知道写歌词不是我的专长，所以我到处寻找一位善写歌词的搭档，与我一起创作。我认识了一位叫凡内芮的朋友。年仅19岁的凡内芮在得克萨斯州的诗词比赛中得过很多奖牌，她的作品总是让我爱不释手。当时我们的确写了许多很好的作品，直到今天，我仍然认为这些作品充满特色与创意。

一个星期六，凡内芮邀请我到她家的牧场烤肉。面对那遥远的音乐界以及陌生的美国唱片市场，我们一点儿头绪都没有。突然间，她冒出了一句话："想想你五年后在做什么？"我愣了一下。

她转过身来，指着我说："告诉我，你心目中最希望五年后的你在做什么，你那个时候的生活是什么样子？别急，先仔细想想，完全想好，确定后再说出来。"我沉思了几分钟，告诉她："第一，五年后，我希望能有一张唱片面世，而且这张唱片得到许多人的肯定。第二，我住在一个有很多音乐的地方，能天天与一些世界一流的乐师一起工作。"

凡内芮说："你确定了吗？"

我慢慢稳稳地回答，而且是一个拉了很长音的"Yes"。

凡内芮接着说："好，既然你确定了，我们就把这个目标倒算过来。如果第五年你有一张唱片在市场上，那么在第四年一定是要跟一家唱片公司签上合约。"

"那么第三年你一定要有一个完整的作品，可以拿给很多的唱片公司听，对不对？"

"那么第二年，你一定要有很棒的作品开始录音了。"

"那么第一年，你就一定要把所有准备录音的作品全部编好曲，排练也要就位。"

"那么第六个月,就是要把那些没有完成的作品修改好,然后让自己可以一一筛选。"

"那么第一个月就是要把目前手头这几首曲子完工。"

"那么第一个礼拜就是要先列出一个清单,排出哪些曲子需要修改,哪些需要完工。"

"你看,我们现在不就已经知道你下个星期一要做什么了吗?"凡内芮笑着说。

"喔,对了。你还说你五年后要生活在一个有很多音乐的地方,然后与许多一流的乐师一起工作,"她急忙补充说,"如果,第五年你已经在与这些人一起工作,那么第四年你应该有自己的一个工作室或录音室。那么第三年,可能是先跟这个圈子里的人在一起工作。那么第二年,应该不是住在得州,而是已经住在纽约或是洛杉矶了。"

第二年(1977年),我辞掉了太空总署的工作,离开了休斯敦,搬到了洛杉矶。说起来也奇怪,不敢说是正好五年,但大约可说是第六年,1983年,我的唱片在亚洲开始销售,我每天24小时几乎全都忙着与世界顶尖的音乐高手一起工作。

2. 五十年前的梦想

有个叫布罗迪的英国教师,在整理阁楼上的旧物时,发现了一叠练习册,是皮特金幼儿园B(2)班31位学生的春季作文,题目叫:"未来我是……"。

他本以为这些东西在德军空袭伦敦时早已被炸飞了,没想到,它们竟安然地躺在自己家里,并且一躺就是五十年。

布罗迪随手翻了几本,很快便被学生们千奇百怪的自我设计迷住了。比如,有个叫彼得的小家伙说自己是未来的海军大臣,因为有一次他在海里游泳,喝了三升海水都没被淹死;还有一个说,自己将来必定是法国总统,因为他能背出25个法国城市的名字。最让人称奇的是一个叫戴维的小盲童,他认为,将来他肯定是英国的内阁大臣,因为在英国还没有一个盲人进入过内阁。总之,31个学生都在作文中描述了自己的未来。

布罗迪读着这些作文,突然有一种冲动,何不把这些本子重新发到他们手中，让他们看看现在的自己是否实现了五十年前的梦想。当地一家报纸得知他的这一想法后，为他刊登了一则启事，没几天，书信便向布罗迪飞来。其中有商人、学者及政府官员，更多的是没有身份的人。他们都表示，很想知道自己儿时的梦想，并且很想得到那本作文本，布罗迪按地址一一给他们寄去。

一年后，布罗迪手里仅剩下戴维的作文本没人索要。他想，这个人也许已经不在了。毕竟五十年了，五十年间是什么事都会发生的。

就在布罗迪准备把这个本子送给一家私人收藏馆时，他收到了内阁教育大臣布伦克特的一封信。他在信中说："那个叫戴维的学生就是我。感谢您还为我们保存着儿时的梦想。不过我已不需要那个本子了，因为从那时起，我的梦想就一直在我的脑子里，从未放弃过。五十年过去了，可以说我已经实现了那个梦想。今天，我还想通过这封信告诉其他30位同学，只要不让儿时美丽的梦想随岁月飘逝，成功总有一天会出现在你面前。"

3. 北斗七星图

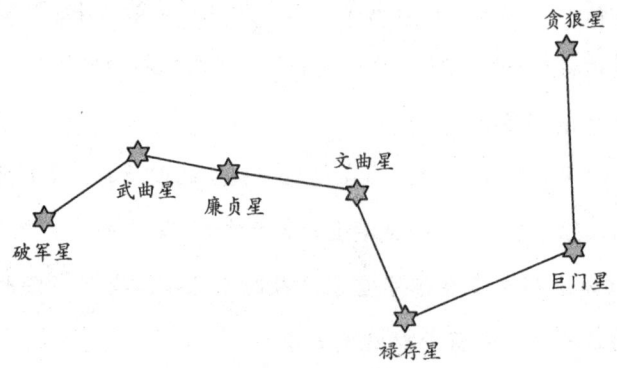

启终为始——我的中考状元报告会

所属模块
学习－动力模块

课程设计理念
心理学家告诉我们:"一个人只要体验一次成功的喜悦,便会激起无休止的追求意念和力量。"根据发展心理学家马斯洛的需要层次理论,当一种需要满足了,又会有新的需要产生,当一个人成功了,追求新的成功的愿望又产生了,无数个追求成功的过程推动着成功不断发展。通过体验中高考状元报告会的活动,能激发学生的学习兴趣,增强学生的学习动力,让学生在学习活动中投入更大的热情,取得更好的学习效果。

课程目标
一、改变学生的成败体验,使他们获得学习上的成就感。
二、激发学生的学习兴趣。

课程准备
纸、笔。

课程过程
一、课程导入:如果你是中高考状元,要给母校的学弟学妹们做一个5分钟的发言报告,你会说些什么?请你写下来。
二、爆破式作文:中考状元发言稿(10分钟)。
三、请同学们发言(25分钟)。
四、总结发言(2分钟)。
五、作业:如果你是中高考状元,平常的学习应该怎么安排?请写一份中高考状元一天的学习规划。
六、结束语:用"学得好"的状态去学习,用"考得好"的状态去考试。

拨开迷雾——学习心理障碍清除术

所属模块

学习-动力模块

课程设计理念

每一个学生都有积极进取、取得成就、实现自身价值并得到别人认可和赞美的渴望。他们也愿意为此付出努力，可是学习过程中遇到的种种问题和障碍，使他们形成了畏难的情绪，影响了他们学习的积极性和主动性，长期下去会让他们对学习彻底失去信心。厌学就是最严重的情形之一。

课程目标

一、让学生了解导致或引起学习障碍的因素，明晰哪些方面影响了自己的学习。

二、列出自己学习遇到的问题并梳理，明确自己要努力改进的方向，并制定解决方案。

三、提升学生应对问题的信心，帮他们建立战胜困难的决心，最终达到清除障碍的目的。

课程准备

纸、笔。

课程过程

一、课程导入：帮学生了解什么是学习障碍。

二、给出通常状况下导致学习障碍的因素（智力、人际、挑战、能力、努力、他人成功、困难与挫折等），并一一进行解析。

三、小组讨论：让学生列出"我的学习障碍清单"，然后分小组讨论，2~3人一组，分为A、B或A、B、C，轮流分享自己的障碍清单。B根据A的描述，给对方以反馈，C 作为观察者予以补充。A 分享后，B 和 C 轮流分享。

四、试一试："障碍清除 3 问 1 行"。

我想要什么？

我需要什么？

我能做什么？

我做到了！

每个问题都至少给出三个答案。

五、作业：

（一）结合自己的学习实践，体验障碍清除的过程。

（二）分享障碍清除后的学习体验。

（三）在提训手册中完成"中考状元演讲稿"，并在督导课程中进行分享和讨论。

六、结束语：站在高处照见来时路。

教师篇

学习动力的两个"发现"

经常会听到家长说孩子没有学习动力,而且现实也确实如家长所说,现在越来越多的孩子不愿意努力学习。

在2014年、2015年和2016年,我们分别在郑州三所学校的部分班级开展"学习力"系统课程,在"学习动力"模块的调研和课程中,我们发现两个很有意思的现象。

现象一:优学生,即我们眼中成绩好的学生,他们具有很强的"自我感",即他们对自己有相对清晰的认识,能够顺利说出自己的优点和缺点、优势和劣势,而且还会有一个相对清晰的"理想自己"。简单来说,就是他们知道自己"是一个什么样的人和想成为一个什么样的人"。

优势生,即我们眼中成绩差的学生,他们大部分都不能清晰准确地说出自己的优缺点和优劣势,而且当被问到"理想的自己是什么样子"的时候也都显得迷茫、不确定和惊讶。

现象二:优学生在学习目标方面有更多的近期目标,比如:让父母高兴、超过某某某,得到老师的认可,考上一所好高中、好大学……他们大多没有长远目标。

优势生在学习目标方面有两个倾向:一是有更多的学生拥有长远目标,比如当老板、当总裁、做科学家等;二是有少数学生没有目标,当被问目标是什么时,他们会说:"不知道,到时候再说。"

这两个现象引起了我和学校老师的讨论,在讨论中老师也因此发现并提供了更多的素材和佐证。

优学生相对听话,相对更加现实,他们能够正确、客观地面对学习与生活中遇到的各种问题,所以老师在他们身上投入的管理成本相对较低。但是他们也因此被眼前的近期目标限制，不能更好地挖掘自己的潜能。

而优势生相对更加不切实际，他们总是异想天开，遇到各种问题都会本能地"逃跑或者战斗"，而很难与老师形成正常互动，所以老师付出的管理成本相对较高。但是他们也因此常常被"现实"限制和困扰，不能很好地发挥自己的潜能。

相对而言，老师会更倾向于优学生，因此优学生会具有较为持久的学习动力，而优势生会具有更多的"反动力"。"越来越好"与"越来越差"也就在学生中不断上演，每个角色都在无限循环。

学习动力中的"动机"和"目标"两个因素，就像学生个体的"内在"与"外在"。优势生更注重"外在"，所以总是被诱惑、被吸引，进而出现各种注意力问题或干扰记忆的因素；优学生则更注重"内在"，即自我组织系统。所以他们会更加专注，记忆力较好，理解效率较高。同时，他们又都非常关注自身的学习体验，优势生在意自己的不舒服体验，优学生更在意自己的舒服体验。

但是对于未来而言，无论是优学生还是优势生都需要在他们各自的路上相互弥补与完善，相互弥补谓之"合作"，相互完善谓之"成长"，进而更上一层楼。

这两个发现，让我们更加清楚了一个事实：无论是"差生"还是"优生"，都具有自己的学习动力增长点，只是我们很少去发现，有的学生可能需要更长的时间去探索，有的可能需要适机的激活。

附：学习动力自我诊断测试

这是一份关于学习动力的自我诊断量表，一共有20个问题，请你根据自己的实际情况，对每个问题做"是"或"否"的回答。为了保证测验的准确性，请你认真作答。

1. 如果别人不督促你，你极少主动地学习。
2. 你一读书就觉得疲劳与厌烦，很想睡觉。

3. 当你读书时，需要很长的时间才能提起精神。

4. 除了老师指定的作业外，你不想再多看书。

5. 在学习中遇到不懂的地方，你根本不想设法弄懂它。

6. 你常想：自己不用花太多的时间，成绩也会超过别人。

7. 你迫切希望在短时间内就能大幅度提高自己的学习成绩。

8. 你常为短时间内成绩没能提高而烦恼不已。

9. 为了及时完成某项作业，你宁愿废寝忘食、通宵达旦。

10. 为了把功课学好，你放弃了许多自己感兴趣的活动，如体育锻炼、看电影与郊游等。

11. 你觉得读书没意思，想去找个工作。

12. 你常认为课本上的基础知识没啥好学的，只有看高深的理论、读大部头作品才带劲。

13. 你平时只在喜欢的科目上狠下功夫，对不喜欢的科目则放任自流。

14. 你花在课外读物上的时间比花在教科书上的时间要多得多。

15. 你把自己的时间平均分配在各科上。

16. 你给自己定下的学习目标，多数因做不到而不得不放弃。

17. 你几乎毫不费力就实现了你的学习目标。

18. 你总是同时为实现好几个学习目标而忙得焦头烂额。

19. 为了应付每天的学习任务，你已经感到力不从心。

20. 为了实现一个大目标，你不再给自己制定循序渐进的小目标。

计分办法：选"是"记1分，选"否"记0分，将各题得分相加，算出总分。

你的分数：_____

扫描二维码可以查看评分标准。

学习动力到底是什么

我们经常会说学生学习没有动力,但是我们可能也极少去追问:"学习动力到底是什么?"当我们像剥洋葱一样剥开了第一层,然后再一层一层地剥下去也许就会找到我们想要的"激发学生学习动力"的方法。只是我们习惯了陷入剥洋葱带出的眼泪,却忘却了继续剥下去带来的美味。

学习动力是指自觉的内在驱动力,主要包括三个部分:学习动机、学习目标、学习体验。其中学习动机是内在部分,学习目标是外在部分,学习体验是学习者的主观感受。三个部分形成学习动力最稳定的、向上的驱动状态。

很多时候我们习惯了目标可以激发学生学习动力这一"迷信"说法,但是我们看到的结果却是越来越多的学生不喜欢目标,也不喜欢定目标,而是更加的"佛性"了。

因为目标是外在的,只有这种外在的目标与内在的动机结合起来"相映成辉"的时候,这个目标才是有意义的。

这里的学习动机,也就是从个人的角度出发确认"我是在为什么而学习"。例如我的学习动机是为父母和老师而学习,但是却给我定了一个考名校的目标,这对学习者来说是很分裂的,所以也就不会有一个良好的学习体验。

学习体验也是我们在激发学生学习动力的时候容易忽略的部分,因为我们只相信道理,不相信现实。

现实是学生的学习体验很不好,我们会从潜意识里认为这不重要。于是,我们又开始强化目标,强化学习,加大压力筹码,直到孩子的学习体验完全扭曲。

学习动力的三个维度相辅相成,是在我们"学习心理实验"课程和"LATS学习力提训督导系统"课程中实践出来的。所以我们坚信的一点是,随着学习与阅读的深入,无论你是学生、家长还是老师,都会越来越清楚如何回到现实去实践。

如何为学生制定学习目标

有一年,一群意气风发的哈佛学子即将毕业走向社会,他们的智力、学历、能力都相差无几,临出校前,学校对他们进行了一次关于人生目标的调查:没有目标的人占27%,目标模糊的人占60%,有清晰短期目标的人占10%,有清晰长远目标的人占3%。25年后,27%的人过得不如意,且常抱怨社会没有给他机会;60%的人没有什么特别成就,安稳工作和生活,属于社会中下层;10%的人成为各领域的专业人士,生活在社会上层;3%的人几乎均成为各界的成功人士、行业领袖和精英。这个例子告诉我们,一个人要想取得成功,必须要有清晰的目标,而且目标的长远度与成功的大小也是成正比的,目标越长远坚定,取得的成功也越大。因此,在制定目标时要兼顾短期目标、中期目标和长期目标。"此生理想、近期计划、每日功课"的目标就是一个典型的例子。

我们协助学生制定学习目标时也应如此。比如说学生正上初一,短期的目标就是这次的期末考试,中期目标是到初二时达到什么成绩,长期目标就是中招考试要达到什么标准,考中什么类型的高中学校,等等。有了明确的学习目标,学生的学习动力必定增强。

德国的彼得·德鲁克在1954年提出过一个目标管理的概念,这种目标管理的目的是使员工的工作效率更加高效。由此他提出了"SMART原则"这一管理法则。"SMART原则"包括五个方面:

1.Specific(具体的)。

这指的是明确学生身上确确实实存在的问题,然后制定目标。要求明确到具体的内容形式,比如学生的字迹不够工整,目标设定是字迹美观。当学生身上有很多问题需要解决时,从中挑选出最急于解决的。

2.Measurable(可衡量的)。

这指的是目标要有一定的标准和规则约束,也就是说是可以衡量出结果的。比如说某些打卡软件，人们可以通过打卡的形式来衡量目标是否完成。

3.Attainable（可达成的）。

这是要求目标的设定要具有一定的可实现性，就是说目标是学生可以实现的。比如说如果学生名次在中游，一下子把目标设定到第一名显然是不恰当的。

4.Relevant（有相关性的）。

目标设定最好和其他方面有一定的相关性，这样目标实现后会给生活带来很大的改变。对其他相关方面有影响，会让目标的实现更"有用"。

5.Time-bound（有时间性的）。

在目标的设定上结合一定的时间概念，比如说多少时间内完成，或者是一段时间内完成多少内容。将时间与内容相结合，有利于目标的进行。

这五个方面使得目标更加"接地气"，便于学生去实行，也有助于学生最终实现自我管理的目的。将这种方法应用在学生的学习上，家长们会明显地发现孩子的学习效率有所提升，孩子的学习行为越来越积极，目的也越来越明确了。

不过应该注意的是，目标管理策略在学生不同年龄的培养重点也是不同的。对于幼儿园阶段的学生，我们的培养目标重点在陪伴学生的过程中让其有更丰富的生活体验，体验对这个阶段的学生来说是至关重要的。在小学阶段，我们应侧重结果性引导，目标在于培养学生广泛的兴趣和爱好。到了初中，要在学生原来兴趣和爱好的基础上进行意图性建构，发展出学生的特长与专长。进入高中，培养学生的重点就是明确的目标性抉择，也就是他的专业与未来。在不同年龄阶段制定不同的学习目标，就会给到学生持续不断的学习动力。

不要拒绝压力，那是一份礼物

春节过后的一学期似乎总是充满"火药味"，陆续到来的是中考、高考，还有一系列为备考所做的各种安排，一股脑儿的压力好像是春节的狂欢而带来的一种过后补偿。

压力似乎成为一个学期的代名词，有的学生因为过度的压力而失眠、胃痛、注意力下降、记忆力减退。但是有的学生却在这种极为紧张的环境里更加放肆，似乎这一切的发生跟他们没有任何关系。但是在个案咨询中我发现了他们更加活跃、放肆的背后却隐藏着一个更大的压力："空虚"。

正是因为这种压力才推动他们用一种"活跃与放肆"来填充那个"空虚"的位置，进而也让自己"看起来很充实"，以此来麻痹自己。这或者是对自己的一种欺骗，但是他们却毫无觉察。

如此说来，其实无论有无斗志，学生都生活在压力里。压力似乎成了一种常态，尤其是对于即将中考、高考的学生。

记得一次去一所学校给高三的学生们做考前心理的讲座，校长很是兴奋地接待了我，第一句话就是："老师，您好好地给我们学生讲讲如何减压。"我说："我不讲减压。"校长一听，一下子蒙了，大有"你不讲减压，我们请你来干什么"的不满意味。我说："我讲如何发挥。"校长听后似懂非懂地应着。课后与校长沟通的时候，他充满欣喜地说："您给我们学生上了一课，也给我上了一课，当听到'压力是高考带给我们的一份礼物'这句话的时候，我感觉我也释然了。"

是的，我们在面对压力的时候，本能的反应就是逃避，逃避这种反应的神经通路是：情感刺激—感觉皮层—杏仁核—情感反应，我们会发现这是一个没有经过大脑皮层加工的神经通路，而现实是我们用了这个通路以后可能会带来更多的麻烦，我们还要生产更多的东西来弥补逃避带来的并发问题，诸如压抑、愤懑等。而人类与其他动物的最大区别是人有大脑皮层这样一个高级神经组织。

所以，当启动了大脑皮层功能的时候，我们就是以一个"人"的姿态去面对压力，我们就会对所有的压力事件做一个系统的权衡，根据自己现有的资源做进一步的整合性判断，从而做出更加合理的行为反应。

人工智能机器人战胜了世界围棋冠军李世石，但比赛之前中国围棋高手聂卫平认为智能机器人不可能战胜人类，而最终的结果是：人类输了。人和机器人的最大区别是人是有情绪、情感的，人的更多的反应是立足情绪与情感，而机器人没有情绪、情感，只有所谓"大脑皮层"功能的推理、判断、行动等。机器人本身就是我们大脑皮层的产物，它把我们人类"大脑皮层"的智慧集结成了一个庞大的系统。所以，面对压力事件，它所做出的一定是最优的反应。

回到我们所说的考试压力，其实压力从未离开过我们，压力事件也在不断地上演。处理压力事件的我们要做的不是踢开它，而是如何面对它，这是我们人类的智慧。我们需要的是如人工智能机器人那般清晰的推理，而非轻易陷入情绪情感的漩涡。但是作为人类，最大的优越性也在于我们有情感，这种情感是一种动力，可以推动我们通往卓越的道路。我们可以利用这种情感发展我们的"智能"，同样，"智能"也会使我们的情感能力变得强大。

懂得"融合"的人才是真正强大的人，而压力作为一种情感体验正是在启动我们的"智能"。

无论是"现实的压力"——焦虑，还是"生命的终极压力"——空虚，都是我们生命的一部分，都是考试带给我们的一份提醒：让我们做更加充分的准备！

压力来了不要拒绝，那是一份礼物。与压力共处，你做好准备了吗？

梦想究竟有什么用

有一天在给一个初二学生做咨询的时候,他突然问我:"老师,人为什么要有梦想?"我说:"发生什么事了吗?"他说:"我觉得现在的生活挺好,好像没有什么想要实现的梦想。但是我爸妈和老师都天天说做人要有梦想,我很烦,觉得他们都在无病呻吟,没事儿找事儿……"

我的思维瞬间短路,一下子竟不知道该怎么去回答他这突如其来的问题。今天借此机会和大家一起来探讨"我们为什么要有梦想"以及"梦想究竟有什么用"。

首先,我们对于学生"应该有梦想"的认知也许只是停留在认知层面,而忽略了学生对梦想的"元认知",即对认知的认知,也就是学生自己对于梦想本身的感受、欲望和理解。

梦想源于自身需要,也是人的欲望外化而成的一个意识概念。当我们自身没有感觉、没有需要、没有欲望的时候,梦想就会很容易变成一个"口号"。但这个"口号"却没有赖以生存的根,久而久之就会使我们人格分裂。

在教育过程中,前人总结了很多道理,我们很容易且本能地想通过我们的教育让学生认同,让学生掌握和理解,但是这似乎也只是我们的一厢情愿。当我们在通过各种"强化"让这些道理深入学生骨髓的时候,学生却在想"为什么?有什么用?",而我们往往对学生这些相对内在的问题视而不见。因为我们已经给自己洗脑了:只要照着做就能得救!

这也就是为什么我们会困惑:同样的学校、同样的老师和同学,为什么学生的成绩会有如此大的差异?

根据人本主义心理学的研究,每个人都有"自我实现"的强烈需要,对这种需要的渴望就像对吃饭与睡觉的渴望一样。但是究竟是什么原因让我们的学生失去了这个渴望与本能呢?

说到底,梦想就是一种欲望,但是我们把学生的欲望弄没了,导致学生失去了连接内在欲望和外在梦想的桥梁。也就是说这个问题在他的心里被"阻断"了。

如果一个学生的内在没有被"阻断",那么梦想就会从内在欲望变成需要、从需要变成理想、从理想变成计划、从计划变成现实,人的生命的意义也可以实现最大程度的延伸。

从这个角度看,梦想的意义只是一个由内而外的过程,一个努力实现的过程。

另外,每个人心中都隐藏着一个最为强大的欲望——成为理想的自己,尤其是青少年,他们更叛逆、讲义气……所有的努力只是为了实现那个"理想的自己"。那么作为教育者的我们只需要协助学生通过现实让他找到"理想的自己"是什么样子就可以了。这就已经是一个终极梦想了。

那么梦想究竟是干什么用的呢?

梦想不是用来实现的!

梦想的真正价值是用来解释现实的,也就是说仅仅是让我们的努力有方向,让我们的行为有意义。仅此而已!

家长篇

你关注过孩子的学习感受吗——"我就想努力做一个差生"

"我已经厌倦了当好学生!"

这是上周末给一个初二男生做咨询时他说的话。

来之前孩子父亲曾经和办公室老师有过简单的沟通:"他很聪明,但是最近就一直被叫家长,我们说什么都没用,也不知道到底该咋办了……"

咨询中,孩子非常淡定,表现出比同龄孩子更多的成熟与冷漠,对于自己的"所作所为"也无比坦诚:"我上课睡觉、不写作业、跟坏孩子玩、谈恋爱……你想到的想不到的,我都做过,我就想做自己想做的。"

"嗯,你想做自己,是吗?"我说。

"是!我就想自己说了算,我都是故意的。"

"我虽然不学,但成绩还能排在20多名(全班60多人),我觉得这样挺好的,他们就是看我不顺眼,所以千方百计找我事。"

"你觉得他们找你的事跟你的成绩有关系?"我问。

"因为我入学的时候是第三名,后来是第八名,再后来是十几名,现在是20多名,他们受不了。听清楚了,是他们受不了,不是我受不了。"

"愿意具体说说吗?"我又问。

他抬头看看我:"你想知道?"

"是的,我很好奇!"

接下来他盯着我看,慢慢地又收回自己的眼睛,低下头。我能感受到他内心正在挣扎,当他抬头又看到我的时候,再次低下了头。

大概过了两分钟,他第三次抬头看看我,告诉了我他埋藏在心底的秘密:"我就是从那件事情以后才开始反思我自己的,也是从那个时候开始不想当好学生的……"

他说自己小学的时候成绩一直都是班里的第一名、第二名，但是在六年级的时候有一次考了全班第五名，回到家里妈妈很生气，而且让他跪了两个小时，就在那两个小时的时间里他觉得做好学生太不值得了，还不如做一个差生，还能玩，想干什么就干什么。

"差生考差了，老师和家长会觉得他是差生，那是正常的，如果考好了，还会受到表扬；好学生考好了，那是应该的，考不好才是不正常的。现在他们就觉得我应该考好，我现在退步就是不正常，所以看我哪里都不顺眼。我厌倦了当好学生，我现在就想努力做个差生，我觉得当差生挺好的……"

在接下来的咨询里，我能明显感觉到他的真实、放松与自然。长时间在父母和老师的"阴影"里的自己第一次体验了一把真实的"自己"，他长长地舒了一口气。我知道，那是一种释然。但是这对于他自己也只是一个开始。

孩子成长的过程中，有三个关键词：经历、标签、斗争。

首先是"经历"，每个人都会用自己的经历来塑造自己的心智，也在建构着我们的神经回路与行为模式。任何一个所谓错误的行为背后都有一个经历或体验在支撑，也可以说他的动机一定是正确的。孩子的错误行为也是值得我们尊重的。

其次，"标签"只是别人的模式，"好学生"的标签是父母和老师的模式在我们身上的投射，不是我们自己的模式。这个标签影响着他们，使得他们看不到眼前的真实，做不出符合真实的反应。标签的力量是巨大的，但是人归根结底要做一个真实的自己，不能总活在标签里。孩子也一样。

最后是"斗争"，我们习惯了斗争，觉得斗争能解决问题，所以千方百计通过各种手段进行"教育解决"。殊不知，当我们斗争的时候，我们的专注一直都在别人那里，而忘记了自己。

他"想做什么就做什么"的背后其实是有一种力量在支撑着：对抗父母和老师。表面上他做自己了，其实仍然是在父母的"阴影"里，因为他所表现出的各种行为的出发点并不是自己，仍然是父母和老师。父母和老师千方百计"收拾"孩子，孩子千方百计"收拾"老师，斗争让每个人都生活在别人的世界里，累是必然的，疼、空虚、两败俱伤也是必然的。因为在别人那里，你永远找不到自己想要的幸福。

"好学生"与"坏学生"还重要吗？"想努力做一个好学生"或者"想努力做一个坏学生"还重要吗？这都不重要！做一个自然、真实、有力量的自己才是最重要的。

我想过几天动物一样的生活

暑假生活的大门已经开始慢慢地打开，有的孩子已经快乐地融入暑假，有的孩子已经开始悄悄地打着自己的小算盘，思考着假期怎么过，有的孩子在勇敢地表达自己的想法，有的孩子却欲说还休。

"老师，我就想过几天动物一样的生活。"一个学生说。

我笑了，笑中带着尴尬，但是能感觉到学生很认真。

是啊，我们认为动物的状态是一种自然的状态，而人其实也是一种高级动物，也必然有动物的属性，那么究竟是什么让这个孩子如此渴望动物的生活呢？

我不禁感慨，我们是否也很久没有做动物的体验了？

在这个学生的描述中，自己从小就知道父母很忙，父母做得最多的事情就是报各种班，而谈的最多的也是学得怎么样。自己什么都会，却没有一个是喜欢的。在一个书香家庭，有很多的规矩和礼数，上学后谈的最多的是成绩，所以自己一直都很努力，成绩也一直很好，但是父母好像从来没有满足过。现在上了初二，马上就要中考，自己有一种撑不下去的感觉。每次看到小猫小狗在晒太阳、闭目养神，总是很羡慕。

人的成长过程是从自然人到社会人的过程，但是我们都过分强调了社会人的状态，而忽略了自然人的状态。我们被压力、恐惧、规矩、礼数绑住，却忽略了这一切其实都是为人服务的。

现代社会，每个人都是社会这个大齿轮上的一个小齿轮，大齿轮在慢慢地转，小齿轮在飞速地转。也许我们自己慢下来，就能享受"动物性生活"。

"如果过几天动物一样的生活，你想做点儿什么？"我问道。

"我想睡到自然醒……"

"我想自己安排一天的时间……"

"放假了，我想等自己想学的时候再去学……"

"我想自己做几次饭……"

"我想一个人瞎转悠,转到哪里是哪里……"

"我想去做一个社会职业调查……"

"我想去打工挣点儿钱……"

"我想去学街舞或者吉他……"

"我想搞清楚霍金的量子力学是怎么回事……"

"我想……"

我知道他已经找到了"动物"的自然感觉,已经在慢慢地体验着、延伸着、发展着自己了。

如果你是这个孩子,你能体会到什么呢?这样的假期你喜欢吗?

如果您是这个孩子的父母,听到这其中的每一个"我想",您有什么感觉?开心,担心,还是紧张?

如果您是这个孩子的父母,您会同意吗?

关于动机：你知道孩子在为什么而学习吗

我们经常会告诉孩子："要为了你自己而学习。"

但是孩子却会说："我怎么没有感觉到学习是为了我自己呢？"

我们经常会疑惑："孩子怎么就不知道学习是为了他自己呢？"

其实原因很简单：我们忘了。我们作为过来人，总是站在自己这一端，而孩子却是站在另一端。

"19年来，我从来没有为自己活过，也从来没有活过。""我觉得我完全没有自我，这一切好难。""过没有尊严的一生，选择最能羞辱自己的死法。这一辈子我都在祈求和道歉，因为没有做到让大家满意。""学习好、工作好对我来说只是一种基本要求，只能说如果学习不好、工作不好我会活不下去，但是不会因为它们好了就觉得很开心。""我之前是对自己特别不满意，想让自己在各方面做得更好，但是这个是永远到不了头的。" 这是很多大学生的真实状态。

我们可能在情绪比较低落的时候，也会有这样的感觉。就像冰山理论一样，在潜意识层面我们每个人基本都是一样的。我们不知道自己的工作动机是什么，孩子也不知道他的学习动机是什么，因为底层都是相连的。决定成绩的是学习，决定学习的是学习者，决定学习者的是家庭，而家庭是由父母的生命状态决定的。如果我们不清楚自己的动机，那就不会有好的体验，孩子也不会感受到我们想让他感受的东西。所以我们必须锁定自己的工作动机，锁定理想中的孩子的学习动机。

工作动机是不会轻易改变的，你会不断地完善自己，因为你的动机决定了你能否成为孩子的榜样。有的人的工作动机是让周围的每一个人因为他而幸福，于是他会认真地对待周围的每个人。有的孩子的学习动机是向上和向善，于是他会让自己变得更优秀。

孩子的学习动机有三个层次，分别是附属动机、自我提升动机和认知动机。

一、动机发展的三个层次

第一层次是附属动机，孩子为了家长或老师学习就是附属动机，因为这个学习动机是附属在家长或老师那儿的。比如季羡林先生的一个故事。季羡林的老师是清末状元王寿彭，他在教季羡林这班同学的时候，规定谁能考第一就赠送一个自己亲自写的扇面。季羡林坦言当时努力学习无非是想要那个扇面。季羡林那时候的学习动机也是附属动机。还有一个16岁博士的例子，他是为父母学习。他考博士之前给父母提的要求就是用现款给他在北京买套房，因为他不想一毕业就当房奴。潜台词就是我都给你们学了这么多年了，你们应该给我干点儿啥。他的动机到19岁还停留在附属动机上，所以他的博士生导师让他延迟一到两年毕业。

第二层次是自我提升动机。到了一定的年龄，父母引导着孩子开始走向自我完善，变得越来越完美，这就是自我提升的学习动机。

第三层次是认知动机。认知动机是最高层次的，每个人内心当中都存在认知动机。我能感受到孩子的学习动机可能是为了我们，也可能是为了提升自己，但是很多的中学生还在被动地给老师学。我们要保持相对清醒的认识，即孩子理想中的学习动机应该是什么，然后带着孩子一起探索这个问题。那么比较简单的一个层面就是我要为成为优秀的人而学习，第二个较高的层面就是我要为让社会变得更美好而学习。因为人终究都要成为一个社会人，这是我们可以直接探索的。

从附属动机到自我提升动机，然后到探索更高层次的认知动机，即成为一个让世界因为我的存在而变得更美好的人，这是一个从低级到高级的过程，我们应该科学、合理、适时地引导孩子从附属动机逐步向认知动机演变。

先看一个有趣的动机转移的例子。一位老人家门口有一片公共草地，老人非常享受安静地在草地上晒太阳。可是从某一天开始，一群小孩来到草地上玩，非常吵闹。老人心里很想把这群小孩赶走，但是这块草地是公共资源。老人知道，越是赶这些孩子走，他们越是玩得开心。怎么办呢？老人想了一个办法。他对这些小孩子说："小朋友们，你们明天继续来玩吧，只要你们来，我就给你们一人1美元！"这些孩子喜出望外，于是第二天又来了。这样几天之后，老人说："孩子们，我不能再给你们每人1美元了，只能给你们每人0.5美元。"孩子们有些不悦，但是也接受了。又过了几天，老人说："从明天开始，我只能给你们每人5美分了。"孩子们说："5美分太少了，以后我们再也不来了！"老人做了一件什么事呢？他调整了孩子在这里玩的动机。孩子最初的动机是开心，但是老人给钱后他们的动机变成了得到钱，于是他们的动机下降了，最后就不来玩了。这是动机的转移，动机转移了，孩子的行为也就改变了。

再看一下爱因斯坦的例子。爱因斯坦有一句名言是："兴趣是最好的老师。"其实，我更喜欢另外一种翻译：热爱是最好的老师。热爱是一种强烈的学习动机，正因为这样爱因斯坦10岁就开始读科普读物和哲学著作，12岁就开始自学高等数学，13岁就开始读康德的著作，16岁就自学微积分，26岁就已经完成论文《论动体的电动力学》，提出狭义相对性原理，42岁时因光电效应研究而获得诺贝尔物理学奖。

关于学习动机的例子还有很多。比如中国最年轻的博士张炘炀，他的动机就是为父母学，延迟毕业的原因是动机的层次太低。周恩来为中华崛起而学习，动机的层次非常高，成了一代伟人。还有向笔者咨询的一个孩子，他的父母都是单位领导，自己高一是睡过来的，高二是混过来的，数学9分，英语27分，所有的考分加起来不超过200分。经过咨询，他调整了自己的状态，激发了自己的学习动力，高考487分，考入成都理工大学。这是一个通过调整学习动机，学会和压力共处，把压力变成动力，从而高考成功的典型案例。

二、动机锁定策略

只有锁定了合适的学习动机，才会有强大的学习动力。

关于动机的三个层次，在不同阶段，我们要有针对性地引导孩子。先看幼儿园阶段。幼儿园的孩子有动机吗？有，但是他们的动机大多处于弥散的状态，我们要慢下来去陪伴他们。陪伴他们的这个过程就是让他们慢慢明白看到的每一个细节、做的每一个游戏、听到的每一个故事，然后他们才能去感受。感受的过程，其实是让孩子慢慢检索自己在这个阶段动机的过程。比如当他体验到快乐，他就知道快乐是生命当中很重要的一部分。比如很多童话故事都是完美的，最后王子和公主幸福地生活在一起，我们要经常陪伴他们去享受这个完美的感觉，因为他们的动机是散落的。到了小学以后，孩子的动机是附属动机，我们需要变得更加优秀，才能让孩子有一个榜样，有一个模仿的对象。按照行为主义的观点，人的学习就是不断模仿的过程，所以在小学的时候，我们需要给孩子提供一个优秀的榜样。到了初中，孩子的动机是自我提升动机，父母需要温和、坚定，并能与孩子畅谈自我与未来。有时候我们在跟孩子畅谈未来的时候，可以帮他投射到内心的认知动机，所以跟孩子谈未来也是很有用的。到了高中，孩子需要不断地确认自我，父母应鼓励孩子要坚毅。

还有一个与动机有关的内容叫作掌握学习理论。该理论提到，如果孩子的学习动机很低，处于附属动机状态，这是表现取向。他所做的一切都是为了表现自己，为了获得别人的关注和认可。现在有很多人都是这样，为了获得领导的认可、同事的认可、朋友的认可而做事。所以有些人在工作过程当中，只是做表面文章，这是表面的勤奋，不是深刻的努力。如果真正到了自我提升动机的层次，学习的目的则是掌握知识，并且把它变成自己的东西，这是掌握取向。所以说前两个阶段是非常重要的，前两个动机如果能够定下来，到第三个动机的时候，就能随心所欲而不逾矩了。

小学阶段，父母才是孩子学习的动力

学习没有动力似乎成为当代学生的一个"通病"，无论是老师还是家长，抑或是学生都有同感。家长不知道孩子为什么不学习，孩子不知道学习究竟是为了什么。

当然，这其实是两个不同的问题，"不知道孩子为什么不学习"是欲望问题，而"不知道学习是为了什么"是动机问题，而这两者恰恰构成了我们所说的"学习动力"。

一、学习动力源于生命动力

学习动力是生命动力外在表现的一部分，而生命动力来自我们对自己生命维持与持续发展的一种努力状态。生命维持需要基本的物质、情感获得与体验满足，持续发展需要环境与情感的推动与支持。

孩子生命维持的两个维度（基本的物质、情感获得与体验满足）的现状：（1）物质过度满足，行为过度替代——饭来张口，衣来伸手（万能父母）；（2）情感两极分化——宠溺与管控、过度关注与忽略。

孩子持续发展的两个维度的现状：（1）环境营造过度丰富，导致孩子选择错乱；（2）情感的推动是教养者的一厢情愿。

基于以上两个现状，孩子怎么会有动力？

二、小学阶段，父母才是孩子学习的最大动力

之前有位小学生被父母强制带来做咨询，原因是孩子说："我就是给你们学习的，你们都不学我才不学呢！……"然后家长觉得孩子"有问题"，遂带孩子前来咨询。

其实，不同阶段的孩子有不同的学习动机，小学生可以为了父母而学习！

动机发展的三个层次：附属动机、自我提升动机、认知动机。

调查发现，80%以上的小学生都处于"附属动机"这个动机层次。所以，当孩子说"为了父母而学习""为了老师而学习""为了兴趣而学习"的时候，

我们都是需要接纳并让自己重新开启陪伴学习模式的。

孩子的世界没有那么复杂，如果我们可以陪伴他们学习，他们就会养成学习的习惯，产生学习的成就体验，进而获得成功满足。

三、让自己成为孩子的学习榜样

模仿之于孩子，本身就是一种最初的学习方式。孩子进入小学，进入真正意义上的学习正轨后，当他从父母那里看到学习并获悉父母通过学习创造的价值，那么孩子就可以通过模仿获得直接学习经验与间接学习体验。

同时，对于小学生的父母而言，为孩子做一个学习榜样本身也是在为自我学习与自我教育提供更多的素材，为生命发展提供更多的可能性，何乐不为？

最后补充一点，处在附属动机阶段的孩子，甚至是在为父母而活着！

为了孩子，我们必须活出生命的精彩，才能让孩子看到希望，看到未来。

分是父母的命根，考是老师的法宝

我们经常说"分，分，学生的命根"，但是就在一次咨询中学生的一句"分是父母的命根，考是老师的法宝"，一下子让我回到了"现实"。

我们都曾经生活在我们认为的世界里，但是却极少真正面对"现实"。所以当我们固执地认为"分是学生的命根"的时候，孩子已经把分数这个"命根"还给了父母，变成为了维护父母的"命根"而学习。

之前听一位老师说过："现在，孩子的成绩其实都是父母的成绩。"当时有些不以为然，可能是因为自己认同的是父母对于孩子很重要性，而忽略了父母在孩子学习上的付出。当然也可能因为我的女儿还小，我还没有为她的学习做过什么。但是我仍然坚信随着孩子自我意识的成长，他们会做好学习这件事，我们只是协助孩子在学习中建构自我。

也曾听到一位全职妈妈说："周末是我最忙碌的时候，因为要带着孩子参加各种补习班。"当时我也曾经指导家长"把学习还给孩子"，父母因为孩子的成绩"失去自我"会扰乱孩子的"自我入驻"，这是一件得不偿失的事情。

但是越来越多能够回忆起来的个案与事实让我更加清晰地认识到"分是父母的命根"这一事实。

"老师，您说我不为了父母学习，我还为了什么学习？为了自己吗？那只是父母和老师骗我们学习的说辞而已，太空洞了！"一位初一的男生说。

孩子为何如此坚定地认为是在为父母而学习呢？主要原因有三点。

第一，学习中缺乏学习与现实的联结感。

缺乏这种联结感会让孩子体验不到当下的成就感，这种"即时成就感刺激"的缺失让孩子觉得内心失落、没有动力，导致生理上多巴胺分泌不足，所以久而久之就会出现"学习抑郁"，不学习很正常，一学习就"抑郁"。因为年龄越小的孩子越缺乏"延迟满足"的能力，他们追求的是"当下满足"。

第二，生活中经历与体验匮乏。

学习是为生活与生命服务的，但是我们的替代，让孩子没有了更多的经历与体验。我们简化了孩子的生活，表面上我们为孩子赢得了更多的学习时间，而事实上我们掘了孩子学习的"根"，让学习再也没有附着的地方，再也没有赖以生存的土壤。

我们忽略了"学习是由经验引起的"这一根本性事实。

第三，成长中控制与反控制占据了全部的精力。

对孩子发自内心的"不信任"（当然骨子里也许是我们对自己的不信任），让我们对孩子的控制超越了孩子对自己的控制。父母的控制引发了孩子的反控制，我们与孩子就处在这种"相互制衡"的状态中，所以根本没有更多的精力发挥自主能动作用，更体验不到亲子间的乐趣。孩子仅有的乐趣可能就是战胜父母后的那点儿带着内疚与自责的"瞬间成就感"。

"把学习还给孩子""把命根还给孩子"是现代父母的智慧，父母要做的不是让孩子学到多少知识，而是为自己学到知识建构条件。这也是当初架构"学习力提升实验课程"以及用于学校教育及夏令营的初衷。

高考不是宗教信仰

看到一则消息：安徽省芜湖市一名高三学生在 5 月 23 日下午从 36 楼楼顶跳下，结束了自己年轻的生命。内心充满辛酸与无奈……

高考不是宗教信仰，但是我们却无形中将高考作为一种信仰去对待，将一生的希望寄托于高考，将生命的全部意义寄托于高考。

但是这种信仰似乎又不是真正意义上的信仰，因为我们在信仰高考的同时还在批判高考。信仰与批判同时作用于我们内心的时候就是一种分裂的状态。爱与恨的交加作用，让我们更加冲动，以致失去理智，也让我们的孩子不能保持一种理性的状态，不能客观地对待高考。

高考不是宗教信仰，它只是让我们可以利用的一个"工具"。是的，没错，它就是我们得以自我实现的"工具"。当我们把工具当作生命的全部意义的时候，那又是多么的脆弱。

记得小时候有一次考得不是很好，我的妈妈像很多妈妈那样唠叨了半天，但她似乎没有从我的表现中看到自己想要的结果，于是又像很多妈妈一样将我拉到爸爸面前。爸爸没有太多言语，看着我就说了一句话："男人连学习都搞不定，将来还能做什么？"我顿时感觉浑身充满力量，这句话让我从"学习的奴隶"变成了"学习的主人"，至少是高于现在的一个"我"。当我用这个"我"去学习的时候，发现了自己更多的可能。

如果每一个考生都能站在高考之上去应对高考，"高考杀人事件"就不会发生。

这里就牵扯到了另外一个问题，作为教育者的我们是否也需要升级？

第一，从"为教育而教育"升级到"为生命而教育"。

"为教育而教育"让我们极易陷入一种固有心智与行为模式，而忽略人的差异性与个性化，用同一方式解决所有问题。这不仅仅固化了规则，也固化了人作为一个鲜活生命的存在。这会让孩子觉得你的爱是一种负担，你的教育也是一种负担。这也会固化人本身，让人不再是一个人，更多的是一个机器。规则与模式本应为人的成长与发展服务，结果却是让人为规则与模式服务。

第二，从"过去模式"升级到"过去－现在－未来的整合模式"。

我们习惯性地用"过去思维"思考现在和未来，而极少用"未来思维"思考现在和过去，这样就陷入了一种"不可能"状态。导致的结果是孩子很想考好，却又觉得始终无法超越，于是陷入纠结。带着这种纠结，就忽略了人是在不断发展变化的人，忽略了人是借助过去创造未来所有可能的人。

当一个人能够将自己的"过去－现在－未来"充分整合，就意味着做到了自我超越与自我实现，会站在一个更高的智慧层面去面对和解决自己的问题。

第三，让高考成为我们成长路上的"一顿大餐"，而不是"最后的晚餐"。

高考从来都不是终点。不要把高考作为一个终点，觉得高考成功以后的路就是一帆风顺的，生活里哪有这样的事情？

高考不是我们人生的全部，高考只是一种经历。

高考不是一个信仰，高考只是一个渠道和工具。

假期,是让孩子"自我入驻"的最佳时机

孩子的出生意味着孩子的物质身体到来,但是同时孩子的精神也在物质身体里存在着,并用他自己的方式生长着。

我们的担心在某种程度上却是在破坏孩子的"自我"酝酿,尤其是我们过早地对孩子进行"我们认为正确的教育"。

我们做胎教、早教……都是用我们认为好的、符合孩子成长规律的方式对他进行教育。但是到目前为止也没有任何的"双盲测试"证明我们所做的一切都是绝对有用的。

可能我们的教育一直在破坏着孩子的"自我入驻",阻碍着他找到自我。

放假,意味着孩子回归家庭,也意味着孩子的"自我"回归自己。如何让孩子的"自我"回家?

1. 少说话。

我们要尽可能少与孩子说话,尤其是没用的废话(唠叨)。我们说得越多,做得就越少;让孩子说的越多,也会让孩子做得越少。但是对于孩子来说,做比说更加重要,尤其是年龄小的孩子。

在现实生活中,我们发现—让孩子干点儿什么,他就会马上反问为什么。这样的问题我们一般是不需要回答的,表面上我们给孩子解释清楚了,但事实上孩子内心并没有清楚,因为真正的清楚是需要他自己在做中寻找的。在寻找的过程中他越来越能体验到自己大脑"整合"的乐趣,而且也会越来越充满好奇。而我们一旦给他讲明白"天空为什么会下雨""雨后为什么会出现彩虹",他会觉得自己知道了,但是真的知道吗?他在看到彩虹的时候还会有感觉吗?

在孩子放假的时候,我们尽可能不要再说什么,让孩子静下来去做点儿什么吧。

2. 多回忆与幻想。

春节,是结束也是开始。与孩子一起回忆过往的一年,美好的、糟糕的、

快乐的、悲伤的、喜悦的、愤怒的……在脑海中呈现过往一年的经历与体验，观察自己、体验自己、发现自己。

多回忆也是对自己的一种尊重与理解，也可以从生理上帮助我们进一步整合大脑的各个不同区域，让我们的大脑与身体具有更加强大的"处理功能"。

幻想未来，可以帮助我们连接生命的"过去、现在和将来"，建立整体的视角，种下未来的"种子"。

3. 让孩子做家务。

少说多做，让孩子在做家务的过程中体验真实的生活是什么样子，寻找家庭归属感、唤醒家庭责任感。哈佛大学学者的一项研究表明，爱干家务的孩子和不爱干家务的孩子将来的就业率是15∶1，犯罪率是1∶10。不爱干家务的孩子把想法变成现实的能力相对较差，而爱干家务的孩子却相对较好。

在全民回家的春节，让孩子回家，让自我入驻，做家务是最好的人生课程。

4. 重视关系。

孩子与世界的关系是孩子与家庭关系的投射，在关系创造的世界里，让孩子找到家庭关系中的自己，也就帮助孩子找到了世界关系中的自己。

5. 阅读。

雨果说，书籍是造就灵魂的工具。

读书是帮助一个人"自我入驻"的最有效、最简洁的方式，可以直击内心、对话心灵，体验自我的乐趣与生命的幸福。

阅读还可以让自我更好地融入家庭代际关系。代沟的本质是两代人因为三观及生活趣味的差异导致的心理隔阂。但是试想，一个长期坚持大量阅读的人，必然心态开放、见识广博，愿意尝试新鲜事物，具有同理心。这样的父母，这样的子女，怎么会不能接纳、包容彼此的不同？怎么会因为代沟影响亲子关系呢？

放假，让孩子"自我入驻"。

开学，让孩子带着"自我"返校。

从此，让孩子的"自我"绽放！

开学，看到孩子内心"涌动的希望"

新学期伊始，如同一年中的春天，一日中的早晨，孩子心里会有一些"希望"在涌动，似乎是想要告诉我们些什么。但是事实却是：

"涌动的希望"，有的在开学前被父母的紧张冲淡了；有的被开学的"大潮"直接冲垮了；有的被不清晰的自我忽略了；有的虽然感受到了，但又在不经意之间错失了。

那"涌动的希望"究竟想要告诉我们些什么呢？

"我想在开学后能缓和一下跟老师的关系，让老师不再那么烦我。"

"我想在第一学期成绩进步到班里前20名！"

"我想明年中招考试考上四中！"

"我想我不会像以前那样总跟父母对着干。"

…………

答案在每个同学那里都是如此的鲜明和具体，听起来平淡无奇，却能感受到十足的力量。

"假如明年的今天，我们还在这里聊天，你觉得我们会聊些什么？"我问道。

看着他们的表情和眼神，我分明能感受到每个孩子内心那无数的想象与联想，无数的问题和答案，在脑海里发生着"扩容反应"，自我超越的体验满足着他们内心对理想自我进一步的想象与探索。也许这就是新学期他们心中最深层的"涌动的希望"。

之前分享的《让孩子自然而然地开学》一文引起了很多家长的共鸣，我深深地体会到父母"揠苗助长"的心情。但是那终非常态，没有人可以在恐惧与紧张里让"涌动的希望"冒出来，因为冒出来就会有风险，这种风险很容易被父母利用，被老师利用，被环境利用，继而给自己带来更大的压力，也就是在为"教育者"增加战胜自己的筹码。这种风险太大了。

"我希望父母能给我一些空间,让我能努力一把,把自己的想法实践一下。"

"我希望父母不要逼我,他们越是逼我,我就越反抗,越想去逼他们,最后好像谁也没有啥好处。"

"我对他们(父母)不抱希望,所以,我也没想跟父母说我的想法,他们问我也不想说,我一说他们就没完没了。"

…………

有时,我们太迫切地想要做父母;有时,我们又太迫切地想要做老师。总之我们都没有去做自己,所以,导致孩子也没有机会做自己。

新学期,父母试着做自己,让每个孩子内心"涌动的希望"变成像唐古拉山一样的"源头"。

第三章

学习状态

中学生学习力塑造

学习状态：
学习状态不仅仅是指学生的心理状态，还包括生理状态和认知状态。

研读重点：
学生篇——安静地学习，默默地消化。
教师篇——安静地教育，默默地启发。
家长篇——安静地陪伴，默默地引导。

学生篇

最佳状态——保持最佳学感的"三驾四式"

所属模块

学感 – 状态模块

课程设计理念

心理学上讲，人的身心是相通的，心理的问题可以通过身体呈现出来，即身体出现各种不适。反过来说，身体的不适，可以通过心理的调适达到缓解。所以，想让大脑工作好，就要让大脑做做操。

课程目标

一、通过几种简单易行且行之有效的方法，帮助学生体验心理放松、智力提升的感觉。

二、体验的方法行之有效，能够在考前或在考场上缓解紧张的心理。

课程准备

轻音乐、一套心理操光盘。

课程过程

一、课程导入：提出问题——饮食、睡眠、运动是否影响学习？

二、保持最佳学感的"三驾马车"：

（一）合理饮食。

（二）保证睡眠。

（三）适当运动。

三、保持最佳学感的"准备四式":

(一)正确喝水的方法及意义。

(二)脑开关的具体方法及原理。

(三)交叉爬行的具体方法及原理。

(四)挂钩的具体方法及原理。

四、作业:练习"三驾四式",并填写自我监控表(3周时间)。

五、结束语:状态比心态更重要。

附:自我监控表(3周时间)

自我监控表							
周次	项目 / 日期	三驾			四式		
		饮食	睡眠	运动	喝水	脑开关	交叉爬行	挂钩
第一个7天	第1天							
	第2天							
	第3天							
	第4天							
	第5天							
	第6天							
	第7天							
第二个7天	第8天							
	第9天							
	第10天							
	第11天							
	第12天							
	第13天							
	第14天							

(续表)

周次	项目＼日期	三驾			四式			
		饮食	睡眠	运动	喝水	脑开关	交叉爬行	挂钩
第三个7天	第15天							
	第16天							
	第17天							
	第18天							
	第19天							
	第20天							
	第21天							
备注：在已完成项目下打钩								

表头：自我监控表

快乐学习——拥有学有余力学生的续航能力

所属模块

学感 – 状态模块

课程设计理念

我们国家有一句古话叫作"书山有路勤为径,学海无涯苦作舟",这句话告诉我们要想学习好就必须勤奋、能吃苦,也正是这句话"吓退了"很多学生。如果始终带着一种学习就是吃苦的心态去学习,即使能够学好,学生也不会快乐。更糟糕的是当游戏、综艺等娱乐项目来袭,当网红、游戏主播等能轻松赚钱的工作来袭时,学生是否还愿意去吃苦?"知之者不如好知者,好之者不如乐之者",知道学习不如喜欢学习,喜欢学习不如以学习为乐,以学习为乐的人才能在整个学习生涯中感受到幸福,一个能在学习中感受到幸福的人,成绩自然会非常优秀。

课程目标

一、通过本次课程,让学生能够在学习、生活中更加从容淡定。

二、帮助学生培养快乐学习的能力,助力学生的学习续航能力。

课程准备

提训课案。

课程过程

一、课程导入:

(一)科举失败后的王阳明。

(二)假如我考了 5 分。

二、大脑的工作原理：

（一）脑结构图。

（二）演示大脑进化过程及工作原理。

三、穿越情绪的三个方法：

（一）情绪开关法。

（二）目标导向法。

（三）刻意练习法。

四、作业：练习穿越情绪的三个方法。

五、结束语：跑得越快越轻松，跑得越轻松越快。学习亦同理。

糖衣诱惑——自控力训练

所属模块

学感 – 状态模块

课程设计理念

自控指善于掌握和支配心理与行为活动的能力，它贯穿于我们所有意志行动的全过程。自控可以让我们在行动前进行周密的思考，做出合理的决策，不为环境中的诱惑所左右；还可以让我们在行动中克服各种内外干扰，把决定贯彻执行到底。

诱惑对于学生有双面性影响：一方面，给学生的发展设置了障碍；另一方面，也给学生提供了锻炼的机会，有助于学生形成坚毅的性格品质。

面对身边的各种诱惑，大部分学生自控力较差，很不利于学习能力的提升。培养学生的自控力，有助于使学生养成专心致志的行为习惯，为学习和未来工作创造非智力条件。

课程目标

一、认识到自控力对学习的重要影响。

二、反思自我的学习状态，了解自身自控力方面的问题。

三、通过活动，掌握并增强自控、自主能力。

课程准备

故事《棉花糖的诱惑》。

课程过程

一、课程导入：自控热身——"忍者无敌"。

二、自控故事：《棉花糖的诱惑》。

三、小组讨论：面对诱惑，小朋友的反应有何不同？你最看好哪一类小朋友的未来？为什么？

四、学习干扰清单与探索：我的学习干扰；我的感受；想象，假如我能延迟满足。

五、清除诱惑：我的诱惑，如何应对？

六、督导作业：我在预习、复习与考试中的干扰是什么？在听课和作业中抵制了哪些诱惑？感受是什么？

七、结束语：延迟满足会吃到最甜的苹果，青的苹果再诱人也是酸涩的。

附：

1.故事《棉花糖的诱惑》

棉花糖实验起始于20世纪60年代斯坦福大学必应幼儿园对学前儿童的一项简单实验，这个实验首次将延迟满足作为一个独立的研究内容进行探索。所谓延迟满足，指的是为了更有价值的长远结果而主动放弃即时满足的抉择取向，并且在等待期中展示自我控制的能力。

实验过程很简单，1个孩子选择1个自己最喜欢的食物（例如棉花糖），他可以选择立即吃掉这颗棉花糖，或者控制住吃掉眼前这颗棉花糖的冲动而等待20分钟，之后他就可以获得2颗棉花糖。在棉花糖边上有个小按铃，孩子可以在想吃掉这颗棉花糖的时候按下按铃，把实验人员叫回来，也可以等到实验人员回来。如果实验人员回来的时候，这个孩子没有吃掉棉花糖，他就可以得到2颗棉花糖。研究结果发现，大约2/3的孩子吃掉了那颗棉花糖。

在1968年至1974年，超过550名斯坦福大学必应幼儿园的孩子参与了棉花糖实验，研究者展开了长达40多年的跟踪。研究表明，4~5岁的孩子等待的时间越长，他们在青春期时的认知能力和社交能力越强，后来的SAT成绩也越高，坚持时间最短的3名孩子比坚持时间最长的3名孩子整体分数差了210分。进一步分析表明，能够坚持更长时间的孩子在青春期面对困境时往往能够展现出更强的自控力，更加能够抵御诱惑，更容易集中注意力，更加独立和自信，更加不容易行为混乱或被挫折、困难击垮。

成年以后，在25~30岁，当年在实验中坚持更长时间的人更有能力和自信追逐并达到长期目标，更少使用高风险药物，受教育水平也更高，体重指数明显较低。

当参与实验的孩子差不多45岁时，研究者们采用功能核磁共振技术对部分男性校友做了脑功能扫描，结果发现当年在实验中坚持更久并且在日后不断保持较高自控水平的人，其前额皮层显著活跃；那些当年坚持不住并且长期处于低自控水平的人，其边缘系统更加活跃，尤其是当他们极力抵御诱惑的时候。

2. 关于抵制诱惑的一些具体方法

①目标确认。

②问自己为什么。

③不要寄希望于明天，做好现在。

④降低自控难度系数，先坚持一个小时或一节课。

⑤训练自控能力。

⑥放弃自控，进入无为状态的学习。

有意注意——专注力训练

所属模块

学感 – 状态模块

课程设计理念

注意力是指人的心理活动指向或集中于某种事物的能力。心理学研究表明，注意力集中差的大脑在筛选分析视觉的信息时，会受到不良干扰，信息会出现差错、遗漏。表现在学习上，如果注意力不集中，学习效率就会降低，完成同样的学习任务，要比注意力集中的同学多花几倍的时间，随着年级升高，学习难度加大，这样的学生很难胜任复杂的学习内容。这会严重影响学生的反应速度、敏捷性以及逻辑思维能力，进而影响学习的积极性和自信心，严重的还会影响其心智发展。所以，有意识地做注意力方面的训练是十分必要的。

课程目标

一、让学生明白注意力训练的重要性。

二、教学生掌握训练注意力的方法，并指导他们学以致用，用到日常学习、生活中去。有意识增加注意力的训练次数。

三、让他们时刻觉察自己，提醒自己做每一事都要"心到"，只有心到了，才会"得到"。让他们去体验这种感觉，以及总结这种训练带给自己的好处。

课程准备

提训课案。

课程内容

一、课程导入：介绍注意力的基本定义，让学生明白注意力在学习过程中的重要性。注意力是构成智力的五个基本因素之一，是记忆力、观察力、想象力、思维力的准备状态，所以注意力被人们称为心灵的门户。

二、从注意力的四大特性（稳定性、广度、分配性、转移性）入手，让学生明白注意力都包含哪些方面，从而更好地理解注意力训练的重要性。

三、让学生体验并掌握训练注意力的方法：

（一）舒尔特注意力训练。

（二）蛇形图。

（三）找"的"","等。

四、作业：使用训练注意力的方法多加练习注意力。

五、结束语：天才——首先是不知疲劳的、目标明确的劳动，在一定事物上集中注意力的能力。

附：

1. 训练注意力的方法

第一，自我提示。

找几张卡片，在上面写上"专心听课""不准走神儿"或"少壮不努力，老大徒悲伤"之类的语句，然后把它们放在平时学习时容易看到的地方，如铅笔盒里、书桌前或课本里。这样，无论上课听讲还是回家写作业时，只要一见到它们，便可以提醒自己："专心，别走神儿啊！"

第二，自我记录。

准备一个小本子，专门记录走神儿内容。比如在上数学课时想起了昨天的球赛，那么便在本子上做记录："数学课——足球赛——约5分钟。"这样记录几天后，再回过头分析一下影响注意力的因素，这样就能越来越专心了。

第三，自我奖惩。

在每次做作业或复习功课之前，先给自己做个时间表：从几点几分到几点几分要完成哪些内容。如果在规定时间内完成了学习任务，且自始至终专心致志，那么就可以奖励一下自己，比如看一会儿电视或玩几分钟。这样坚持下去，就会使自己养成良好的学习习惯。

第四，舒尔特表。

舒尔特表是通过动态的练习锻炼视神经末梢。心理学上用此表来研究和发展心理感知的速度，其中包括视觉定向搜索运动的速度。该表可以用来培养注意力集中、分配、控制能力，拓展视幅，加快视频，提高视觉的稳定性、辨别力、定向搜索能力。练习的时间越长，看表所需的时间会越短。随着练习的深入，眼球的末梢视觉能力提高，初学者可以有效地拓展视幅，加快阅读节奏，锻炼眼睛快速认读；进入提高阶段之后，可以拓展纵横视幅，达到一目十行、一目一页的效果。通过课堂当中成绩优秀学生与成绩普通学生的用时长短对比，可以直观地展现注意力对于学生学习的影响，并让学生体验、掌握训练注意力的方法。

2. 蛇形图

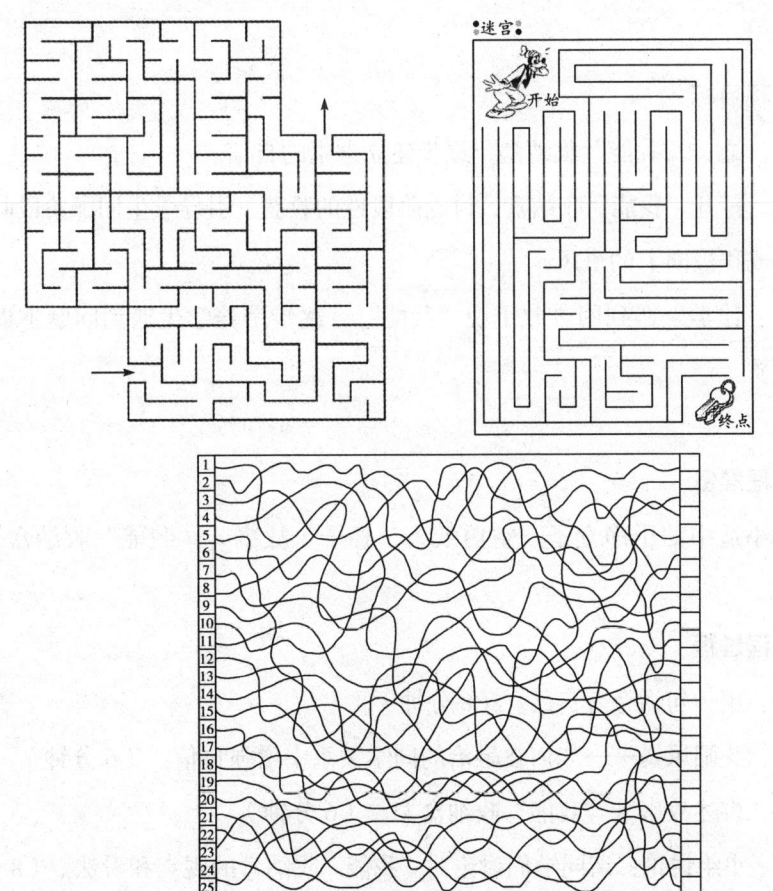

坚毅力量——"我能"收纳盒

所属模块

学感 – 状态模块

课程设计理念

外部环境会影响学生的学习动力。良好的、积极的、健康向上的班级风气，有利于形成你追我赶的学习氛围，同学们能够以彼此为参照，共同进步、一起发展，并且能够在这个过程中逐步培养自信，也有利于形成和谐的、互帮互助的优秀班级团体，为班级的更好发展出一份力。

课程目标

一、通过"我能"收纳盒，逐步建立学生的自信。

二、打开"我能"收纳盒，讨论阶段性的收获。引导学生回顾阶段收获，逐步形成积极向上的班风。

三、让学生遇到困难敢于说"我能"，逐步培养学生遇到问题不畏难的优良品质。

课程准备

大小适中的干净盒子、空白纸条、杯子、故事《"我能"收纳盒》。

课程过程

一、用一句话夸夸自己。（8分钟）

二、头脑风暴——如何在融洽的同学关系中增强自信？（6分钟）

三、讲述故事《"我能"收纳盒》。（6分钟）

四、小组讨论：请同学们讨论对"我能"收纳盒的观点和看法。（8分钟）

五、介绍"我能"收纳盒班级项目的实施，并发放工具。（8分钟）

六、作业：每个人装饰自己的"我能"收纳盒，并在第二天开始投入使用。

七、结束语：天生我材必有用。

附：故事《"我能"收纳盒》

走进我们班，很多人都会被窗台上色彩鲜艳的小盒子吸引。这些可爱的小盒子属于全班同学，是每个孩子心中的宝贝，是生命成长的记录。我和孩子们都亲切地称它们为"我能"收纳盒。

"我能"收纳盒源于社团活动的开展。动员孩子们参加班级的社团活动时，我要求班上的每个孩子都要参加其中的一个，因为这些社团内容多种多样、丰富多彩。有的孩子甚至想每个都参加，也有些孩子哪个也不想参加，认为自己什么也不会，还不如自己玩。如果听之任之，他们就会游离于班集体之外，同时对自己的能力缺乏信心。于是，我决定从提高孩子的自信心着手，从认识自我做起，让每个孩子都参与进来。

班会上，我细心地为同学们讲解了要做的准备。要求每人准备一个干净的盒子，形状不限，但不要太大也不要太小，盒盖上一定要留出一个窄孔，能放进纸条。对于盒子的外观，我建议他们用自己最喜欢的方式进行装饰：可以给盒子穿上漂亮的外衣，可以画上自己最喜欢的画，可以写上自己喜爱的名言，可以写上自己远大的理想……除了体现自己的与众不同，还要有个醒目的标题——"我能"，这就是自己独一无二的"我能"收纳盒。做好的盒子按小组放在窗台上，这些造型各异、色彩鲜艳的盒子成了窗台上一道亮丽的风景线。

每天傍晚放学前的时间，学生会拿出64开"每日30字"的纸（每日30字的纸是学校统一印制，给学生练字用的。因为纸张有剩余，这里是借用一下），用最规范、最工整的字写下自己一天的收获：自己今天最骄傲的一件事，今天学到的新知识，今天在课堂上的精彩发言，老师对自己某一方面的表扬和鼓励，与昨天相比自己有了哪些进步，课堂上做对了几道题，探究问题时自己有了什么发现,自己给了同学哪些帮助,体育课上自己学到了什么新技能,手工课上学会做什么了……只要是孩子自己努力做的事情,都可以写下来。

尽管规定了内容,但刚开始时还是有孩子感到没有什么事情可写,为此,我精心引导:这不是要写出你与众不同的地方,而是要与昨天的自己相比,只要觉得自己在昨天的基础上有了进步,学会了新的知识或本领,哪怕是最微小的进步也可以。再与班级里的这几个孩子交谈,说出老师观察到的他们进步的方面,特别是他们自己都没有注意到的地方,让他们写出来。在全班学生都写完之后让他们读一下,引导他们学会观察和总结。

慢慢地,孩子们习惯了进行自我总结,自我反思:"今天的数学课上,做了5道应用题,全都做对了,我很了不起吧?我会继续努力的!""今天的语文课上,我给大家做了范读,赢得了大家的掌声。""今天的音乐课上,我的同桌一直唱不准,我轻声地教给他,后来,他终于学会了。我们俩都很开心!""社团活动中,我们排练《巨人的花园》,我演的巨人比昨天表达流利了一些,而且更有感情了一些,同学们都说我有进步了。""课间操回教室后,我发现黑板没有擦,我悄悄地擦了,很开心!""今天的英语课上,我没有走神儿,很努力很认真地参与了。"

每个月的月底,我都会拿出一节品德课让孩子们打开"我能"收纳盒,默读这些纸条。然后,引导全班讨论过去一个月中他们的收获。当然,这些收获是多方面的,学到了哪些知识、养成了哪些好习惯、做了哪些好事,等等。默读这些纸条,引导孩子们回顾自己一个月来的表现,让良好的、积极的、健康向上的风气在全班逐渐形成。孩子们比的是谁的"我能"收纳盒中又有了更精彩的内容,班级中也形成了"你能我也能"的良好竞争氛围,增强了所有学生的内在动机。我还要求各小组同学一起分享自己的收获,由小组同学给予评价,提出今后努力的方向。来自小伙伴的评价会让他们更好地找到自己的不足,从而有了前进的目标。还有孩子和好朋友互相交换纸条,和好朋友一起分享自己的快乐。有的学生看到自己的好朋友有了与自己不同的收获,会在心里暗暗下决心也要努力做好,在下个月分享"我能"收纳盒时,力争让自己盒中的内容更精彩，也让小伙伴羡慕。当然，盒中的内容要求一定要是真实的。

每学期期中考试后，我们都有一次课堂开放活动，然后是家长会。家长和孩子共同上完课后，又到了"我能"收纳盒大放异彩的时候。孩子们把这两个多月的收获拿出来，满心欢喜地和家长一起读，一起享受这个收获的过程。这时，孩子的表情是激动的，家长的目光是欣慰的，这是我们最幸福的时刻。盒子满了，我会让孩子拿出来，帮他们订成册，再放进孩子的成长档案袋里，这会成为他们一生的财富。

现在，我们班的孩子遇到问题时，第一个想到的是"我能"，而不是这个问题有多么难解决。你遇到了困难？别着急，让我来帮助你，我们一起来做，我们一定能做好！班级的各项工作开展起来也更加得心应手。有了这么一群能人在，班级不优秀才怪呢！

教师篇

学习状态的生理调适

学习心理学家布赖思·汶弥尔顿曾说过:"所有的超级学习技巧中,我认为关键是要让自己进入学习的最佳状态。"最佳学习状态就是身体高度放松、大脑高度专注、心情愉悦平静的学习状态。在这种状态下,学生能轻松愉悦地获取知识,最大限度地理解知识,并充满创造活力。

下面介绍调整学习生理状态的一些实用技巧——"准备四式"。

水约占人体组成的 70%。水使肺中气囊湿润,让氧能够溶入血流;使血红素充水,增加其载氧量。水直接决定了呼吸效率。

第一式:喝水(小口)。

起立,双手往后打开(类似于广播体操的体转运动姿势),记住身体的感觉及手的位置,拿出水杯,小口地喝水,喝到身体觉得很舒服,再把身体向后转动,看看身体的状态和位置,手的位置是否比原来更远了,身体是否没之前疼了。

生理是一切认知和心理的基础。写作业或上课前、进考场时先喝水,但一定是小口喝,这样有利于提高学习的效率。

第二式:脑开关。

一手平放肚脐上,另一手的拇指及食中二指揉压俞府穴,位置在锁骨下方、胸骨两侧、第一及第二肋之间的轻微凹陷处。一般情况做 4 个深慢呼吸循环后,转手再做 4 个深慢呼吸循环。

这样可以增加脑的血流量和供氧量,帮助消除双眼协作困难所致的视觉紧张,恢复脑整合,改善混淆左右的情况。

第三式:交叉爬行。

两足开立如肩宽。慢提右膝沉左肘,左肩及面孔顺势转右。右膝、左肘约在肚脐前方互相轻触后，缓慢打开身体。站直后转左手右脚重复上述动作。如此交替动作为一个循环，最少做 30 秒。

这能同时激发左右大脑皮质的众多区域，是各种需要跨越身体中线技巧的最佳热身运动。定期地做，能使处理信息的速度加快，使脑达到高层次思维。

变式一：肘部交叉触碰大腿外侧。抬起右腿，用左手肘部触碰右大腿外侧；抬起左腿，用右手肘部触碰左大腿外侧。

变式二：双臂画圆圈。双手举过头顶，同时向前画圆圈，接着同时向后画圆圈，然后一只向前，一只向后（也就是一只胳膊顺时针旋转的同时，另一只胳膊逆时针旋转），先左后右依次进行。

变式三：拿出双手食指放于胸前，食指指尖相对但不接触，左手食指顺时针画圆圈，右手食指逆时针画圆圈。一分钟后左右手交换顺序。

动作要慢，慢到自己可以控制，快了就成了机械运动。

迅速调动整个身体，把左右脑连接起来，实现全脑学习。现在的人左脑很发达，右脑被抑制，导致有时候会相当理智，有时候会很情绪化。

闭上眼睛，放松，注意力集中，练习。在这个过程中留意状态的变化和情绪的变化。

第四式：挂钩。

第一部分动作：右腿放于左腿前成交叉状。两手手背相对，平肩向前举起。右前臂放在左前臂上，合掌成拳，内旋至胸前。保持这个姿势，缓慢做深呼吸，鼻吸口呼，最少 4 个呼吸循环。然后把左腿放于右腿前、左前臂放在右前臂上，保持同一姿势，最少 4 个呼吸循环。

第二部分动作：两腿开立如肩宽，双手成抱球状，然后缓慢做四个自然呼吸循环。

这个动作使反射与理性思维有所沟通，最后达到平静情绪、对周围情况更醒觉的效果。

学习状态的心理调适

学习状态不仅包括学习者的生理状态，还包括学习者的心理状态。影响学生学习的常见因素有智力、缺点、能力、努力、他人的成功、挫折、挑战，等等。如果家长、教师或学生对这些因素的认识不够科学合理，并且明显影响了学习过程和学习结果，成为学习的障碍，就有必要进行适当的心理调适，清除学习道路上的障碍。

智力：有些家长、教师或学生常常认为某个学生比较笨，不是学习的料。其实，虽然一个智力是相对恒定的，但是自主和自控可以改变智力的呈现结果。另外，根据多元智能理论，一个人的智力表现可能不止一种，人的智力潜能是巨大的，人的大脑的功能还远远没有充分发挥出来。

缺点：有些学生往往被认为缺点太多，其实很多学生的某些缺点常常都是大人贴的标签。学生在成长的过程中犯错是正常的，知错能改就行了；也可能这些错误就是某个阶段特有的现象，过了这个阶段，这些错误很可能就自动消失了。

能力：很多学生认为学习成绩差就说明自己能力差。其实，学习成绩暂时不好不代表永远不好；另外，能力也不仅仅体现在考试分数上。无论学生考试的成绩如何，我们都要相信自己的能力，树立学习的信心。

努力：一些学生认为自己努力了也不一定有好成绩。我们认为，努力确实不一定有好成绩，要想取得好成绩还要掌握科学有效的学习方法，但不努力一定不会有好成绩。还有的学生认为自己没有必要努力学习，甚至认为没必要上学。例如，上海一初中男孩名下拥有 14 套房，被称为"中国房娃"。该男孩说："我吃三辈子都够了，我为什么要上学？"再如，一位妈妈对自己的孩子说："孩子你不努力以后咋办啊？"孩子说："你们死了，遗产省着点儿花应该够了。"其实，中国有句古话叫"坐吃山空"，挥霍无度迟早会让人走上穷途末路。

他人的成功：有些学生不能接受同学比自己优秀，如果同桌学习好，自己就会难受。例如，某初中的第二名把第一名杀了，理由是杀了第一名自己就成为第一名了。这是心理学上典型的战斗反应和逃跑反应。要知道，"山外有山，人外有人""强中更有强中手"，能接纳别人比自己优秀，能接纳自己不一定是最聪明的人，能在他人成功时由衷地表达祝贺，这是心理资本建设不可或缺的重要内容。

挫折：有些学生遇到挫折就抑郁，不能客观地看待挫折。其实，每个人的成长都不可能是一帆风顺的，挫折是一个人成长道路上的"必需品"。遇到挫折时心情郁闷是可以理解的，但我们更应该做的是把挫折看作是上天对自己坚强意志的一种考验，"天将降大任于斯人也"，进而调整好自己的情绪，在学习的道路上继续努力奋斗。

挑战："一年之计在于春"，对于广大的学子，尤其是中学生来说，寒假开学后学业考试的压力扑面而来。如果不能对中高考有正确的认知，不能调整好自己的心态，不能积极应对这种强大的考试压力，很容易陷入焦虑抑郁的精神状态，而严重的抑郁很可能出现自杀行为。中考或高考确实是人生的一次重大事件，但它不是决定通向成功之路的唯一机会，考研、在职进修学习、自主创业等都是取得成功的方法、途径。皇天不负有心人，只要你愿意持续不断地努力奋斗，成功的大门永远向你敞开。如果学生不能有效管理自己因学业压力带来的情绪，家长应该及时提醒学生及时向专业人士——心理咨询师或心理治疗师求助。

"睡得好"与"学得好"呈正相关

不少老师、家长提出学生"特别能睡""觉特别多",总试图让学生利用时间来打胜仗。其实,我很想说:"睡得好,才能学得好。"

如果有机会听听大脑怎么说,你可能会推翻自己过去的想法,因为大脑根本就没有睡着!

在睡觉时,大脑处于令人难以置信的活跃之中,众多的神经元彼此之间以不断变化的模式噼里啪啦地传递着电子命令。与处于完全清醒时相比,在睡觉期间大脑呈现出更有节律性的活动。

国际学术期刊《认知心理学》曾经刊登过一篇论文,其中写道:"伦敦大学的研究人员最近发现,成功的长期学习效果通常发生在课堂教学之后,特别是在学习者进行了良好睡眠之后。"

在该项研究中,研究人员将一些存在一定关联性的新词汇教给志愿者,并对他们的学习理解能力进行了跟踪观察。他们发现志愿者虽然已经知悉了新词汇之间存在的关联性,但仍然不能很好地理解这些新词汇。这一情况在他们休息了一段时间之后出现改观。这表明学习掌握知识的关键过程发生在课堂之外,学生在学习之后需要一段时间对知识进行理解消化,而这一现象可能与睡眠过程中进行的大脑活动有关。

这有点儿像我们吃饭,吃过饭之后我们才能感觉到身体的满足,只是我们更多关注了吃的过程,忽略了吃过之后身体的感觉。经过消化之后的食物转化成为能量和营养,消化过后的知识会成为我们心灵的营养和自身的一部分。

有学者曾经做过类似的实验,把学生分成两组,给他们布置一系列数学题,但是老师没有告诉他们"捷径",12个小时后"非睡眠组"有20%的学生发现了这道题的"捷径";而"睡眠组"(在12小时里有8个小时左右的正常睡眠)有约60%的学生发现了"捷径"。无论这个实验做多少次,"睡眠组"的成绩都优于"非睡眠组"。

而现在的实际情况是，我们正在通过剥夺睡眠完成所谓的任务。其实，这只是在玩一种"形式大于内容"的自欺欺人的游戏，学生只是我们的牺牲品而已。

假期，放下我们的焦虑，让学生睡个好觉，如何？

运动开启学习之门

之前曾在一个权威杂志上看到一篇文章，文章称中国青少年儿童的体质已经连续30多年处于下降状态。这应该不是骇人听闻。因为我们在越来越保护学生安全的同时剥夺了学生的运动，甚至多动一点儿就给学生带上"多动症"的帽子。我们的教育主要强调大脑的作用，而忽略了身体的作用。

学生的"运动觉"是生理发育带来的一种促生长方式，运动可以让生长发育更坚实、更健康，所以也是人的一种本能。

运动又导向自由，当我们的身体在发育的时候，运动可以让我们体验每个阶段应有的自由。所以，到了青春期，学生会很好地发展自己对自由的理解，去主动寻找真正属于自己的自由。生理的"运动觉"也会影响心理的"平衡觉"，让学生实现自我的和谐与平衡。当然也就减少了与周遭的对抗或叛逆。

"运动觉"一直伴随着人的一生：

生理自我发展阶段（0~6岁）："运动觉"在协助生理功能的健全——实现身体自由。

行为自我发展阶段（7~14岁）："运动觉"在协助行为功能的健全——实现行为自由。

心理自我发展阶段（15~21岁）："运动觉"在协助心理功能的健全——实现心理自由。

社会自我发展阶段（22岁以后）："运动觉"在协助自我社会功能的健全——实现社会自由。

作为父母、教师，让运动成为我们追求自由的一种生存与生活方式，也让运动成为学生健康成长与追求自由人生的一种方式。

如何调适学生的考前状态

有些学生面对重大考试压力的时候,他们内心当中确实有很多情绪需要我们帮助释放一下。只要能哭得出来,这学生就有希望。调适学生的考前状态,方法因人而异,只要适合的就是最好的,下面介绍几种常见的方法供参考。

闭目养神:养神修性,放松神经,调节大脑功能,使身体与大脑都得到很好的恢复。

睡觉:能睡觉的脑袋是好脑袋,不能睡的就该修了。

洗澡:挤压内关穴。

听音乐:贝多芬的《皇帝》、维瓦尔第的《四季》、中国古典音乐《高山流水》等,促进记忆。

聊天:清理心理垃圾。

运动:补养是当务之急。

哭:男儿有泪不轻弹,只要有泪就有希望。

列清单:身份必备(准考证之类)、考试必备、心情必备(比如,穿旧衣服更有利于考试的发挥,因为新衣服会吸引自己的注意,也会让身体产生一些不适应)、消暑必备。

看考场,消除陌生感:建议学生亲自去看,老师不要替学生去看。有的老师特别热心,替学生去看考场,其实看完之后对于学生第二天进入这个考场没有任何的帮助。

开学，不适应是为了更好地适应

开学后接到不少关于"适应问题"的咨询，今天就和大家一起聊聊"开学那点事儿"。

"老师，学生今年6岁，到学校后就一直坐不下来，开学几天，我都已经叫家长到学校三四次了，还让学生家长陪读。陪读的时候孩子还可以，但是家长一走他就捣乱，我都没办法讲课……"

"老师，学生今年初一，开学后因为手机的事跟我较上劲，一直到现在还在跟我杠，我说什么他都不听，回家后家长说说，他答应得很好，但是一到学校就因为各种鸡毛蒜皮的小事儿发生矛盾，真的不知道该怎么办了。"

"我班的一个女孩儿，开学军训还没结束就回家跟家长说我们班里有一个男孩儿特别帅，因为她自己也挺漂亮，所以同学们还起哄把他们俩往一块儿说。刚开始大家都只是听听，没几天家长就说这个女孩儿跟几个同学周末一起出去玩儿，其中还有那个男孩儿，你说该怎么回复家长呢？"

"我班的一个男孩儿，开学后说学校管得太严了，回家后还对家长说'这学没法儿上了'，因为原来的初中学校管得比较松，一到高中说学校干什么都规定时间，现在已经在家待了三天了，就是不来学校，怎么办？"

…………

怎么样？是不是感觉问题五花八门？同样一件事（开学）在所有的学生那里的反应都不一样。

今天，我们暂且放下所有学生的不适应都是因为"经历体验匮乏"这一根本事实，换一种方式来看待学生的这些反应和问题。

首先，不适应正在帮助学生发现"未知"。

我们人类的恐惧感更多来自我们对"未知"的本能反应，这种本能的反应保护了我们在过去的经历中形成的"心智模式"，因为我们曾经在这些"心智模式"中获益过，所以出于保护的本能，我们会在面对"未知环境""未知知识""未知人际"的时候出现排斥心理:"跟我小学时一点儿都不一样。"于是就开始启动另一种本能——"逃跑反应"。

但是我们也会看到有的学生会很积极地面对,越是未知越是充满好奇,积极探索,从"未知"到"有知",而且会很满足。

这两者的差别在于:不适应的学生可能在父母与老师那里建立了一种"不安全心智模式",能够积极适应的学生在父母与老师那里建立了"安全心智模式"。

"安全心智模式"会让学生无论遇到什么样的挫折与困难都能以一种安全的状态投入其中,做出积极的"战斗反应";而"不安全心智模式"则会激发学生内心更多的不安全感,出现更大的恐慌,做出消极的"逃跑反应"。

其次,不适应帮助学生重新构建前所未有的"神经连接"。

学生的过往经历塑造了学生的大脑神经通路,也建立了学生的反应模式,所以,在遇到相关事件的时候总会用那条早已修好的"通路"做出反应,但是,不适应的感觉却让学生发现现有的通路不能满足自己当下的状态和需求,所以需要丰富,需要重新规划道路(这有点儿像现实生活中的堵车反应,因为不断地堵车所以要不断地铺修新路)。当我们可以正视这种"不适应"的感觉的时候,就会在自己的头脑里开始寻求改变,积极"规划—设计—施工—通车",建立一个新的通路,在这条新的、升级后的道路上畅通无阻。

最后,学生的不适应也在帮助我们不断"自我发现—面对未知"。

第一个案例:那个6岁学生的老师也许在此之前并未发现过学生的这种反应状态,所以一直按照自己的意愿去关心和管理学生。学生适应了父母那种单一的关心和管理,所以当小学老师不按照他习惯的父母的方式去关心和管理他的时候就出现各种状况,以此博取老师用他熟悉的父母的方式去关注他,只有这样他才会满足。

学生不可能永远生活在大人的影子里,作为教师也许可以反思一下自己的方式是否存在问题,也许是关注方式过于极端:过度或者匮乏。

第二个案例:初一的男孩儿,是一个不会"放下"的孩子,手机事件发生后,无论最后结果如何,这件事就开始常住心里,只要相同的情境一出现就会蹦出来捣乱。扰乱老师也扰乱自己，这也许是学生的惯常模式，父母也没有在意过，直到手机事件牵涉自己时才开始关注。

那么学生在告诉父母什么呢？也许我们该关注一下如何结束这件事。在后来跟父母的会谈中得知，父母也说以前从来没有关注过"结束"，"有时我们吵过就吵过了，打过就打过了，从来没有坐在一起和孩子共同协商，让孩子在心里把这件事情翻篇。"

第三个案例：对男生有好感的初一女生，这是一个真实而有力量的学生，可以在父母面前畅所欲言。我愿意相信（后经证实）父母给到了她足够的"安全心智模式"，让她可以做出进一步的探索行动（这也是一种"战斗反应"），但是老师与家长的反应却极为敏感。所以，我想说不是学生不适应，更多的是老师与家长不适应。毕竟这对处于青春期的孩子来说再正常不过，但是对于从未遇到过这种事的家长来说却是"洪水猛兽"。

第四个案例：对严格不适应的高一男生，这是一个"规则恐惧"的学生，"规则恐惧"的学生都有一个没有底线的父母或者家庭。后来老师跟家长沟通的时候也得到了进一步的确认：家里的"独苗"，全家都特别溺爱，在家是说一不二的"小皇帝"。

学生养在"温室"里，殊不知那是一个虚拟的环境，真实的社会永远不会让一个人"为所欲为"。学生在用自己的不适应告诉老师与父母教育中规则缺失的后果，但是也在用这种方式探索规则以及学会如何适应规则。但是需要家长守住"上学"的规则底线，同时给予他足够的情感支持。

其实，学生所有的不适应都会激发我们的不适应，不适应在丰富学生的同时也在丰富着我们！

和学生一起面对开学的不适应吧，因为所有的不适应都是为了我们和学生更好地适应。

厌师的应对流程

在成为一名教师之前,我们都曾是学生。喜欢的老师类型各不相同,但讨厌的类型似乎都有迹可循。拿到教师资格证只是教师之路的第一步,将来的职业生涯中会面临多重挑战。当你走上教师岗位之后,也要小心,别成为自己当年讨厌的那种老师。

1. 分档次管理学生。

老师的言行举止,都直接影响着自己在学生心目中的形象,影响学生做人做事的标准。老师对学生应一视同仁,不可区别对待。

2. 太过严厉、毫无柔情。

有的老师恨铁不成钢,偏激地认为只有严师才出高徒,对待学生的错误几乎是零容忍,甚至一些无伤大雅的小错误也正颜厉色地批评。最让学生伤心的是任何情况下老师都不维护自己。

3. 冷嘲热讽。

讽刺是一种冷暴力,对自尊心最具杀伤力,学生也有自尊心,而且很脆弱,经不起打击。喜欢讽刺的老师想表达的永远是否定的意思。语言带来的伤害,远比你想象的要深刻。

4. 不会表达。

有些老师本身很有能力,学识渊博,但不善表达,属于茶壶里煮饺子——满肚子倒不出。这样的老师本身并没有过错,但缺乏把所学呈现出来的能力,常常照本宣科,学生听课仿佛是自学。

5. 废话太多。

有些老师上课,很容易从一个话题扯到别的地方去,没有突出课时的主旨。讲解课文拖沓冗长,学生上课仿佛听野史,虽觉得时光过得好快,很有意思,但却没学到什么东西。

6. 喜欢吹嘘。

有些老师喜欢在学生面前炫耀自己，常把自己的言论作为金科玉律要求学生遵守。老师们必须具备一颗包容的心，同时还要有谦逊的态度才能赢得学生们的尊重。一味凸显自身的阅历、倚老卖老，极容易引起学生的反感。

7. 整堂课写板书。

有些老师一上课就写板书，偶尔讲两句也是边写边讲，他认为哪里都重要，所以要全部写下来，整堂课学生都在不停地抄板书，至于抄了些什么，要等到做作业的时候才知道。

8. 完全没有板书。

有些老师讲课极为潇洒，两眼望着窗外，滔滔不绝讲到下课。他讲得起劲，学生却似懂非懂，一堂课下来，仿佛做了一场白日梦。

9. 不批改作业。

有些老师几乎不批改学生的作业，只是找几个成绩好的学生帮忙。有些老师甚至不收作业，过一段时间把正确答案抄在黑板上要学生自己对着修改。时间长了，学生学会偷懒，不完成作业，因为学生知道老师不会检查，也就缺乏动力做作业了。

10. 以成绩取人。

老师天然欣赏成绩好的学生，但是其他学生的优点如果被成绩一棍打死，那这样的老师与第一类老师无异。

己所不欲勿施于人，各位老师以及准老师们，在职业生涯中，要小心避开这些雷区，才能成为学生心中充满魅力的好老师。

作为一名教师，如何引导学生爱上学习、爱上老师、爱上学校，应从以下几个阶段出发。

第一，小学阶段的厌师。因为小学生一旦厌师，马上会导致厌学。讨厌那个老师，就讨厌那个学科。甚至不仅讨厌这个学科，还讨厌这个学校。学生3岁之前对他影响最大的人是妈妈，3岁到6岁对他影响最大的人是爸爸，6岁到12岁对他影响最大的人是老师，所以面对厌师的小学生，无论如何也要让他无条件爱上老师。对小学生来说,爱上老师就是爱上学校,就是爱上学习,因为老师就是一切。老师说一句话比家长说十句、一百句都强。老师要引导学生爱上学校、爱上学习。

第二,初中阶段的厌师。在初中,要让学生发现,原来初中老师跟父母、小学老师是不一样的。学生小的时候,比如说3岁以前,认为所有人都像自己的妈妈。3岁到6岁的时候,觉得所有人应该和自己的爸爸一样。6岁到12岁的时候,认为所有人都应该和小学老师一样。我们要让学生到了中学以后,发现初中老师和小学老师是不一样的,发现人和人是不一样的。在初中的时候,可以让家长跟学生好好地分析一下,所有的老师身上都有哪些优缺点。在初中好好地分析老师,对学生来说是有帮助的。

第三,高中阶段的厌师。在高中,需要我们引导学生去接纳老师的不同。这位老师是这样的,那位老师是那样的,要让学生明确自己的高中是以结果为导向的。上高中的时候一定要让学生把老师当作自己的资源,因为父母是孩子最初的资源,老师是接下来的资源。在高中生厌师问题上,我们要帮助学生扩大他的胸怀,让他可以包容所有的老师,让老师为自己服务。

第四,大学阶段的厌师。老师可以把学生当作一个同伴去交往,借此机会提升学生的社会交往能力。在大学里面就是合作,这是关于社会责任的问题。

作为老师,我们有自己的职责。当学生面临问题向我们求助时,我们应该如何帮学生解决问题?千万不要教学生该怎么办,要让学生自己学会解决问题,学会思考。通过亲身经历或者别人的经历(给学生提供素材),让学生学会自我调整,学会自我解决问题。学生的情绪来得快,去得也快,遇到事情的时候,情绪会不稳定,所以一定要学会等待。和学生沟通时,不说旁人的坏话;和学生家人沟通时,只描述学生真实的感受及行为。

我曾遇到过一个经典的案例,学生在学校与老师发生了一些不愉快的事,回到家里以后,他讲了一大堆老师的坏话,家长立刻批评了孩子一顿,使学生更加厌恶那位老师,连带着厌恶学校,不想上学。这位家长的做法不仅没有帮孩子解决问题,反而让孩子变得更加叛逆。如何亲其师信其道?只有站在学生的立场上，才会让学生真的亲其师信其道。"老师批评你了，你有什么感觉？跟我说一下，我也想了解了解。"与孩子沟通的三句话，第一句：你有什么感觉？第二句：你想怎么办？第三句：你需要我怎么帮你？

　　回到现实，在现实里创造价值，处理厌师。第一，要认真地聆听。第二，要有身体接触的共情。如果可以的话，我们要做到预约沟通。第三，引导学生跳出自身情境，客观地去看待老师。第四，是达成合作的协议关系，老师跟学生之间本身就是一种合作关系。小学是跟随，中学是利用，大学是合作。

"跑神儿"到底惹了谁（一）

"跑神儿"，一个很小的时候就经常听的老师在父母面前说得最多的一个词，那个时候也并不知道该怎么不跑神儿，于是，只是努力地在上课的时候瞪着老师。以为只要我很努力地瞪着老师，老师就不会觉得我又跑神儿，不会再向家长告状，说我又跑神儿了之类的话。后来的事实也证明，老师确实极少再向父母告状了。但是，"神儿"其实还是会跑的……

在上学的生涯里我一直坚守着"瞪着老师看"的良好习惯，所以在老师的眼里我是一个"好学生"，在家长的眼里我是一个"好孩子"，在同学眼里我也成了一个"好同学"，我也逐渐地相信了自己是一个"好人"。在我享受着"跑神儿事件"带给我的诸多好处的同时，心里其实还有一种对跑神儿更深层意义的探究的欲望——"为什么我明明当时是跑神儿的，而且跑了那么多年，他们就那么轻易地相信了？""跑神儿真的那么不堪吗？跑神儿究竟惹了谁？"……

一直都带着这些困惑，所以冥冥之中我选择了教育，后来又走在了心理学的路上！

"你在看前面这些文字的时候，跑神儿了吗？"

"……"

"你一定也在跑神儿！"

当心理学成为一门科学的时候，它就具备了可以独立解释世界的能力，所以我们开始研究"跑神儿科学"，"跑神儿"作为一种无意识行为一定有它自己的原理。

首先，我们来了解一下大脑的两个"最爱"。大脑的最爱除了"吃饭"——消耗氧气之外，还有一个最爱，那就是"干活"——构造。大脑这个东西是很讲究平衡的，吃多少就干多少。哈哈……大脑的最爱之一是"构造"，也就是建立联系、链接。只有建立了更多的联系，它才能更好地干活，同我们所说的"要致富，先修路"是一个道理。"跑神儿"可以让大脑的一个神经元或组织与其他更多的神经元或组织建立链接——"修路"，所以当这个路修通了，它就能更有效率地、更轻松地干活。

从这个意义上来说，"跑神儿"加速了大脑的构造化发展，让大脑的功能或效率更加强大，更加高效。"跑神儿"好像并没有那么"十恶不赦"。

其次，从精神分析的观点来说，"跑神儿"是一种防御机制。防御机制的意义在于保护。如果"跑神儿"是一种防御，那它在保护什么呢？当然是我们的生理。当学习或活动超出了我们的生理范围时，我们就会自然出现"跑神儿反应"，以此来保护我们的"生存"。

从学习的角度来说，我们对于某一个知识点的理解也得益于"跑神儿"。例如听到老师讲"北京"这个概念时，我们要能够深入地理解它，就一定会"跑神儿"，也一定要"跑神儿"。这个"跑神儿"会帮助我们更好地搜集关于"北京"的所有材料以及体验，帮助我们更好地加固我们对于"北京"这个概念的理解。

……

说到这里，"跑神儿"在你的眼里还有那么不好吗？

"跑神儿"到底惹了谁（二）

神奇的大脑结构给我们提供了无数的神奇。但是我们对于大脑的了解却极其微小，如同我们对于"跑神儿"的了解。

既然"跑神儿"给我们带来了如此多的意义（详见上篇），那么究竟是什么原因导致我们对"跑神儿"如此不屑、如此反感呢？究其原因，主要有以下两点：

一是学生的"跑神儿"给自己制造了太多的不可控性结果；二是学生的"跑神儿"给教育者制造了太多的不可控性结果。

先说第一点，"跑神儿"是相对于"注意"而言的一个概念，而"注意"是指"人的心理活动指向和集中于某一事物的状态"，而人要进行有意识的生活就需要集中注意力，而"跑神儿"恰恰破坏了这种有意识的生活状态。例如"开车"这件事，需要注意力高度集中，"跑神儿"可能会造成破坏性的不可控。为了保证可控，我们主动地进行了意识调控，让自己处于一种高水平的注意状态。

而对于学生的学习活动而言，"跑神儿"其实更多是一种学生没有让自己处于主动意识的状态而发生的结果。所以，这里面有一个问题："学生为什么不愿意主动地、有意识地学习？"也许这是一个根本的问题。

"孩子跑神儿、注意力不集中"之类的话说得最多的还是家长和老师。对于学生而言，他会关注自己愿意关注的，但是在我们的"规矩教育"和"告诉教育"里，我们刻意地给孩子的东西还是比较多，这就导致了孩子不愿意要，有点儿"强买强卖"的意味，所以他们只能通过"跑神儿"关注与保护自己想要的。在"跑神儿事件"里其实最痛苦的是老师，因为学生"不听话"。我们把自己的痛苦加工成了"不好好听课，不好好学习"的帽子给学生戴上，让学生和我们一起去承担这种痛苦。表面上我们的痛苦减轻了，实际上学生接下来将会制造更大范围和更大程度的"跑神儿事件"，变得越来越不可控。

那么我们究竟要如何应对学生的"跑神儿"呢？

第一，放下我们对学生的控制，让学生学会自我控制。

学生的成长过程其实是在发展自己对自己的控制能力的过程，但是父母不放手，学生将注意力都放在了向外挣脱的状态（其实是一个努力"跑神儿"的状态），那么他的控制意识和能力就会很薄弱。因为他没有真正主动过，所以很难集中注意力。

当学生真的有了控制自己的能力的时候，在发现"跑神儿"后自己还能回来，这是一种理想的状态（也是"正常人"的状态）。但是现实却是一旦跑了，就再也回不来了。

第二，分享学生的"跑神儿事件"和影响，和学生一起"跑神儿"，这更有利于学生注意力的发展。

分享"跑神儿"以及和学生一起"跑神儿"的过程是一个让生命实现穿越的过程，能够客观真实地分享意味着我们要尊重"跑神儿"这件事，尊重学生，让"跑神儿"在我们和学生的世界里创造更多可能。

"跑神儿"并没有惹了谁，如果真要说它惹了谁，也许是我们认为它惹了学生的未来。

家长篇

学习状态的"三驾马车"

先来看一个考前心理咨询案例——如何应对考前生病。

这是一个高三的考生,他的考试分数在一本线左右,但是想要更好,所以给自己的压力比较大。最近一段时间经常会感觉头疼,睡不着觉,去医院检查也没有检查出什么问题,虽然开了一些药,但是仍然没有缓解。

在咨询中了解到,他现在就是觉得"特别乱",好像一天天的也在学,却感觉什么也没有学到。然后心里就更乱,更不知道自己要做什么,然后就更觉得头疼,晚上更睡不着觉。这种"因为焦虑而产生的焦虑"带给他的影响远远大于焦虑本身。

我相信他所描述的头疼是真的,虽然医学检查并没有检查出来。这在即将参加高考的考生身上经常出现。

但是还有一种现象是真的生病了,比如前一段时间有一个中考生经常觉得胃疼,经医院检查真的是有胃溃疡,但是吃药后有几天的好转,过后又反复,来回几次都不能彻底治愈。

身体和心理的这种互动一直在影响着我们的生活,我们会因为心情与遭遇的挫败而给自己设定:我一周后可能会生病,于是我们一周后真的生病了。我们因为身体的不适给自己设定:我可能要抑郁,所以慢慢地就会发现真的出现了抑郁的症状。

所以,我们生病从来都不是一种偶然现象,可能不知道在什么时刻,你已经在内心给自己设定好了。真的生病的时候,一方面会觉得自己真的需要休息,一方面还会觉得不该生病。这就是我们的纠结,也是因为焦虑而产生的新的焦虑。只是这种现象在高考生身上表现得更加明显而已。人本身就是从内心里喜欢生病的,通过生病的方式来获得"更加合理又强大的休息理由",

从而可以心安理得调整身心，保护身心健康。

那么我们该如何避免考前生病呢？

首先是合理饮食。

大脑虽然只占体重的2%，但是却消耗身体能量的20%，大脑活动需要消耗的主要是葡萄糖和氧气，以及铁、锌、钠、钾等元素，所以保持一个良好的状态首先需要保持合理的饮食。

但是很多考生为了有更多时间学习，会"应付性饮食"，甚至不吃早餐。表面上是节省了时间，但是事实上却让生理机能不能高效应对学习任务，导致注意力、记忆力和意志力出现问题，让学习事倍功半。

其次是保证睡眠。

睡觉是大脑运行一天后进行修整的阶段，通过睡眠过程中脑脊液的充分流动，将一天运行中所产生的"垃圾"带出并排出体外，保证神经通路的通畅。同时也能提高身心免疫能力，让第二天的学习更加高效。

现实的情况却是，我们用拼时间的方式拼高考，让很多孩子觉得"睡觉是浪费生命，午休是一种罪恶"。

最后是适当运动。

运动过少，血液在内脏血管瘀滞，脑细胞得不到充足的血液和氧气供应，脑子反应慢，容易出现疲劳，感到头昏脑涨。

运动过量，会让大脑长时间处于兴奋状态，不能冷静分析和思考问题，也不易进入最佳学习状态。

合理的饮食、足够的睡眠、适当的运动是保持良好考前状态的"三驾马车"。

中高考之前，考生需要自主地通过这"三驾马车"，用自己的毅力释放自己的生命能量，创造生命的最大价值。作为家长，我们要帮助孩子驾好这"三驾马车"，做好助考工作，保证孩子的身心健康，让孩子从容应对考试。

开学，让孩子有回到现实的状态和机会

开学季里，无论父母、孩子还是老师，都本能地生活在自己过去的经验模式里，用自己过去的父母经验、孩子经验与老师经验进行着开学之初的各种磨合。

父母说：

"我觉得孩子开学一个月了，变得我都快不认识了，没有以前那么开朗了。"

"我觉得我女儿老像心里有事儿的样子，问她又说没事儿。"

…………

孩子说：

"我觉得我们老师没有小学老师那么和蔼可亲。"

"我觉得现在的同学都很冷漠，感觉很难相处。"

"我觉得学习压力很大，大家都那么强。"

…………

老师说：

"我觉得现在的学生越来越胆大，什么都不让说，一说就杠上了。"

"我觉得这一届学生两极分化比以前任何一届都严重。"

…………

人会本能地按照过往经验来评判眼前，总会用熟悉的方式来思考和行动。无论是孩子还是成人都会如此。幸运的是孩子的经验模式并没有成人那么多，那么坚固，所以孩子本能地会比成人更能适应新的环境。

但是事实是，现在越来越多的孩子开学、升学或转学并没有我们想的那么乐观。

案例一：初一男生，升入初一不到一周就跟父母说不想去学校了，没有原因，就是不喜欢那个学校。家长很为难，各个学校已经开学，再转学已经不可能，家长也拿孩子没有办法。随即也想到了给孩子做心理辅导，但孩子

说："不转学什么都免谈，谁说都没用。"

案例二：初一男生，父母因为工作原因转至郑州，孩子也随着来郑州上学，但是开学两周后也跟父母说不想去学校了。后来父母和老师一起做工作又回去三天，三天后的早上又不去了，说没意思。每天在家玩游戏，父母问其将来想做什么，他回答说："感觉这样挺好！"

案例三：高一女生，以优异的成绩考入一所重点高中，进入实验班，刚开始很高兴，但是高兴过后就说压力太大，想换到普通班，然而又觉得换班特别没有面子，所以非常纠结。

以上种种对现实的不适应，只是与原来经验及所建构的大脑神经通路不兼容导致的一种心理反应，这种反应会让他们要么沉溺于自己的过往经验，要么逃避到自己的虚拟想象中，要么停留在当下的不良情绪里，久而久之，距离现实越来越远。

我们要做的不是否定孩子的经验、毁灭孩子的想象或者指责孩子，而是尊重、理解、聆听与陪伴孩子，让他们可以有状态、有机会看到自己眼前的现实，进而有力量回到现实。

否定、毁灭、指责就像笼罩在内心的雾霾，让他们在本已充满雾霾的"心理空间"更加恐惧、焦虑、迷茫和压抑。

当孩子有机会可以看到自己的现实，便会回到现实，再加上父母的情感力量支持，孩子就会在现实中为自己寻找出路。

现实是一面镜子，可以照出我们真实的模样，让我们实现由内而外的通透，也让我们发现自己内在的明亮与黑暗，让我们在明亮的激励和黑暗的探索里实现真正意义上的成长。

让孩子用考得好的状态去考试

前几天问一个家长最近在忙什么,他说孩子要期末考试了,天天在家里忙着给孩子辅导作业和陪孩子。

又是一个期末,考生、老师和家长都在积极地备战,虽然没有高考那样明显和激烈,但是也都在默默地较着劲儿。

"考得好的状态"是一种自然放松又注意力集中的应激状态。内心相信又不失紧张,拥有压力又能全力以赴。

那么我们该如何做才能让孩子用考得好的状态去考试呢?

首先,我们要关注孩子的备考状态。

经历了一个学期的学习,最后其实是到了要把这一学期所学进行释放的时候,也就是要发挥好。让孩子有一个考得好的状态要做到以下几个方面:

第一,不谈期末考试目标。这个时候给孩子定目标是没有太大意义的,就像孩子跑一千米一样,快到终点了你才给孩子谈目标,是不是很荒唐和可笑?

第二,不过度关注细节。一切围绕期末考试,不要再关注孩子"生活习惯不好""作业不好好写""玩手机""玩电脑"……这些细节都是结果性表现,不是一朝一夕形成的,借助期末考试让孩子改过来基本上是不可能的。同时,过度关注这些细节会牵扯孩子的精力,不利于最后的考试。相反,让孩子知道你很重视他的期末考试的前提下,通过信任给他更多的空间,他反而会进行自我调控。因为他也不想考差,不是吗?

其次,我们要关注孩子的备考技巧。

也许我们并不懂孩子的备考技巧,但是我们可以观察而不打扰。通过观察,我们可以更加了解孩子的学习过程和学习方法。利用我们自身的经验在孩子考后做一个"备考观察记录分享"未尝不是一个好办法。

最后,理解孩子考差一次没什么大不了。

一次考试的成败有无数的原因,归因为单一原因会让孩子走极端(比如,归因为"不努力",孩子努力了还是不出成绩就会更加失落)。所以,我们要允许孩子考差,考差的客观价值是发现弱项,而不是制造痛苦。陪伴孩子体验考差的经历和过程是一种教育,陪伴孩子一起面对考差的姿态是一种引导。

一次考试并不能决定什么,让孩子尽享考试前的焦虑,那是一份在将来遇事冷静的试炼;让孩子尽享考试的过程,那是一份在应激中随机应变的高峰体验;让孩子尽享考后的成功与失落,那是一分耕耘一分收获的最佳馈赠。作为家长的我们,看着、陪着就好!

最动听的话：孩子，你只要尽力就行

"老师，我好害怕，我害怕自己期末考试考不好！"

"考不好会怎么样？会发生什么？"

"我不敢想，我一想就更害怕！"

…………

这是一个前来咨询的学生的诉说，在咨询中得知她小时候成绩一直非常好，而且一直都是班委。小升初的时候报了一个自己最心仪的学校，但是最后没有考上，看着平时成绩还不如自己的同学都考上了，内心非常失落和难过。虽然家长的安慰起到了一定的作用，但是每逢大考的时候还是会觉得害怕。

我在跟家长的沟通中发现，虽然家长说并不在意孩子的成绩，但是依然能感觉到不在意背后的情绪："我们都已经说不在意她的成绩了，她还想怎么样？她天天跟我们说不舒服，去医院检查也没病。我们说干脆不上学得了，她又不愿意……"一连串的牢骚与不满。

在问到孩子最想听到父母对自己说什么时，孩子毫不犹豫地说："我就想听他们说，你只要尽力考就行！"

在家庭咨询中，当妈妈说出这句话的时候，孩子哭了，然后她跟妈妈说："我不喜欢你们给我讲道理，不喜欢你们给我讲你们多么不在意我考多少分，每次这么说的时候我都觉得你们口是心非，明明很在意我的分数，却每次都说不在意，我觉得你们就是在安慰我，这样的安慰让我觉得很难受……让我觉得自己不够好……我每次考试都想证明自己，越是重要的考试越想证明自己有资格做你们的女儿，我就想用成绩证明自己，你们又说不在意……你们越说不在意，我就越觉得心里不踏实，越觉得自己不优秀……就越想考好越考不好……"

…………

有一句话叫"当你想赢的时候就已经输了"，输赢只是过程的一个自然结果。当父母把那个想赢的信息传递给孩子的时候，孩子就会盯着那个结果，而错失了过程对结果的意义。

一句发自内心的"孩子，你只要尽力就行"，不仅尊重自己，也尊重孩子。让孩子在现实里、在过程里去呈现真实的自己，去寻找理想的自己。不要让孩子在恐惧里面对考试，去做一个不真实的自己。

期末了，我们也做一些准备，给孩子多一些陪伴，为自己的成长多争取一些机会，为孩子的成绩多贡献一分努力……为了我们的一切，尽力就行！

孩子，你只要尽力就行！我永远会和你一起面对！

如何面对孩子的学习成绩

很小的时候，我第一次考到第一名，父母很高兴，带我去了肯德基。从此我懂得了只有好成绩才能换得父母的奖赏。再大一些，我做了班干部，成绩一直很好，我发现好成绩能带给父母莫大的满足。

一次我考砸了，我拿着一张"惨不忍睹"的卷子回到了家，父母的笑脸突然消失了，他们面露疑惑。从此在父母面前我失去了往日的欢笑，因为我发现原来父母的情绪都是根据我的分数来变化的。

又有一次，我拿着一张依旧让父母失望的考卷问爸爸："你们还喜欢我吗？"父亲一脸怒气，给了我一记重重的耳光。从此我懂了，原来分数才是父母最疼爱的"孩子"……

考得非常好，家长就对孩子超级好；考得很糟糕，家长就对孩子很糟糕。然后孩子就说了一句话："我发现成绩好的我才是我妈的亲生儿子。"

这其实投射了我们家长对于孩子成绩的态度。当孩子考得好的时候，你的反应是高兴，买好东西，给予肯定。主要表现：第一个是物质奖励，第二个是表达真诚的开心。但是当孩子考得不好的时候，你就容易"失意忘形"。这两种状态会同时存在。父母一定要做孩子的定海神针。孩子考得好的时候，我是我；孩子考得不好的时候，我也是我。不能因为孩子考试成绩好了，我们就得意忘形，考得不好就悲观失望。

孩子考得差的时候，我们要有一种自信，要有一种姿态，其实考差对孩子来说是一种挫折，是一种锤炼。但是有时候家长为了摆自己的姿态，会跟孩子说没关系。孩子考差了，他也会难过，他也会不舒服。所以当我们说没关系的时候，孩子会认为你说的是假的，你言不由衷。所以千万不要跟他说"考得不好没关系"。

曾经也有一个孩子说："妈妈，我考砸了。"这个妈妈说："没关系，下次你会考好。"接下来孩子就开始哭。其实孩子比任何人都活在当下，他更关注的是眼前的感动。所以当你说"没关系,下次你会考好"的时候,孩子会觉得这次的事还没处理,下次又来了,能不伤心吗?另外,一个孩子说:"妈妈,我考砸了。"这个妈妈跟孩子说:"考砸了心里是不是很难受?一定很难过吧?"这位妈妈的表达就比前一位妈妈好。

当孩子考得不好不坏的时候,其实我们内心里真实的感受是希望他能够更好,希望孩子能尽力。我们是不是能够始终保持这种前进的状态,这次一定比上次好,下次一定比这次好?不一定。人生会起起落落,成绩也是一样,起起落落对于孩子来讲很正常,关键是我们家长能不能正确看待。

下图是从学习心理过程看成绩变化。

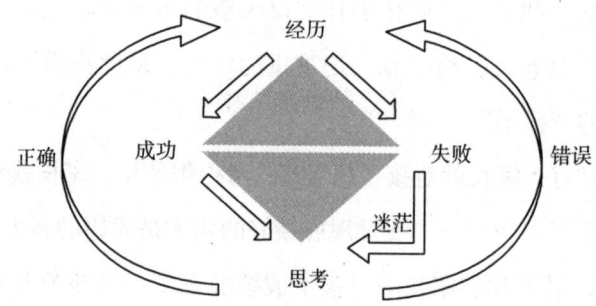

图 3-1　学习心理过程与成绩变化

有一个案例,两个人,一个读博士,一个进了监狱。这个进了监狱的人问读博士的人一个问题:"咱俩一块儿上学,一块儿长大,家庭条件、家庭环境、父母的素质水平都差不多,为啥咱俩会有这么大的差异?"读博士的人就讲到了一件事情,就是他们在中学的时候,一次考试他俩都考得很糟糕,考砸了以后回到家里,他们与家长都有一次对话。

关于成绩的对话(一)

儿子:爸爸,学习成绩很重要吗?

父亲:当然,学习成绩的好坏决定一个人的前途命运。

儿子:那么一旦学习成绩很差,是不是就代表一个人无可救药了?

父亲:是!

儿子:如果你的孩子成绩很差,你会怎么办?

父亲：怎么办？如果你不好好学习，考试一塌糊涂，老子非揍扁你不可！

…………

关于成绩的对话（二）

儿子：妈妈，你爱我吗？

妈妈：当然，孩子，我当然是爱你的。

儿子：那么如果你的孩子很笨，学习很差，你也爱吗？

妈妈：当然，无论你是优秀的，还是暂时差一些，我都是爱你的。

儿子：为什么？

妈妈：没有为什么，因为你是我的孩子。任何时候，爸爸妈妈都是爱你的。

…………

这两种场景，第一个孩子因为当时听到爸爸说这番话之后，自己就把卷子藏得更深，没敢把它拿出来。第二天他生怕爸爸知道自己的成绩，于是就没敢回家，在外面跟小朋友混在一块儿，最后混到了监狱里。第二个孩子听了妈妈说这段话之后，把卷子拿出来给妈妈看……这就是我们对待孩子考试成绩的态度。说实话，高中生很不容易。因为他们所学的东西比较简单，但是考试的题目非常难。尤其刚到了高一的时候，会出现似乎上课能听懂而且作业会做，但考试成绩不及格的现象，不论初中成绩多好的孩子进入高一都可能会出现这种情况。

学的是知识，考的是思维能力，是知识和知识之间的复杂联系。我们客观地去看待就行，在孩子学习过程当中帮助他确认一下哪些知识点没掌握，然后把没掌握的掌握就可以了。这就是考试。考试就是对前面学习过的知识的一个总结，也就是"给学习打个结"。我认为考试是提升学习效果的最好方式。

考试后,不要让孩子用痛苦支撑努力

很多孩子在经历了一学期的第一次大考——月考之后,无论成绩如何都开始努力。对成绩满意的学生,被激发了更强的学习动机;对成绩不满意的学生,也被挫败感、父母或老师激起了一时的努力欲望。

但是,在咨询中发现,很多对成绩不满意的学生都带着伤心和难过,对成绩满意的学生带着的却是恐惧。

"我这次没考好,自己本来就很难受,但是看到家长也不高兴,我总觉得对不起他们……所以回家也不敢玩了。"

"这次月考,让我明白了成绩为王!成绩好了什么都好说!我会逼着自己用所有时间去学……"

"这次成绩还不错,但是家长依然不满意,老师还找我谈话,好像他们从来没有满意过,烦!……有时觉得努力没用,但是又害怕成绩下降,那会更惨!"

…………

没有哪个学生愿意当倒数第一,想要学好的愿望每个学生都有,但是为什么孩子的努力却成了时下最稀缺的资源?也许恰恰是因为我们对于孩子成绩的反应。

反应一:过激的肢体反应——"皮带对肉""男女混双"。

学习是学生在个体"人"这个"土壤"上生发的一个自然行为,成绩是诸多结果中的一个体现方式。父母的激烈反应往往让孩子觉得自己作为一个"人"不重要,而"成绩"更重要,直接刷掉孩子的所有存在感与价值感,导致对抗与分裂。

反应二:秒杀般的精神虐待——"对得起谁?"

学习是由个体经验引起的能力或倾向的相对持久的变化,学习本身是个体行为,但是我们现在都把学习变成了一种群体行为,将学习与家庭甚至家族绑在一起，与未来命运绑在一起。当孩子学不好的时候觉得对不起的是这个世界，这种心理暗示直接导致混乱与纠结。

反应三：哲人般的道理冲击——"想当年……""我建议……"

当父母把自己放到了一个更高的位置去评论孩子的时候，孩子就会把自己放到一个更低的位置。最后不在"低位"中爆发，就在"低位"中死亡，直接强化自我挫败感。

反应四：此时无声胜有声的冷战——"……"

对现实事件没有反应是一种最残忍的反应。这种反应直接制造压抑的短时效果或绝地反击，直接产生压抑感。

考试本身是学习过程中微调方向、不断突破的最好机会，但往往都被破坏掉了，让孩子带着被破坏的痛苦去努力。

让痛苦支撑的努力，往往是在强化痛苦体验，让学习慢慢变成痛苦。

让痛苦支撑的努力，往往是短暂的，持久的结果是更加的痛苦。

让痛苦支撑的努力，是在让生命变成痛苦之旅。

如何让满足、价值与快乐支撑孩子的努力，是需要我们共同面对的课题！

学习是快乐的还是痛苦的

学习是快乐的还是痛苦的？很多家长把"快乐"作为自己的一种教育目标，而且提倡所谓的"快乐教育"。但是我们在教育过程中会发现，快乐教育的同时都伴随着痛苦与不如意，我们追求的所谓快乐其实不会以单一的形式存在。

我也问过很多追求现代教育方式的家长："想要孩子得到什么？""要孩子快乐"是一个频率极高的回答。但是有意思的是，越是从这样的家庭里走出的孩子越不容易体验到快乐。

当我们把教育作为一个目标的时候，更多的问题就会产生。

第一，我们会发现，一味追求"要孩子快乐"的教育会让孩子很难有所成就，很难找到价值感或者真正意义上的快乐。

在笔者之前的咨询中，有一位家长为了让孩子快乐，一味地满足孩子所有的需求，一味地按照孩子的意愿去做事情，当孩子成为少管所中的一员时，却抱怨家长："你们当时为什么不阻止我？你们都干什么去了？"

第二，我们为了让孩子实现所谓真正意义上的成功与幸福，却让孩子在一种近乎分裂的状态里成长。

也曾经见到过一位年逾四十的中年人，因为当年高考失利，一蹶不振，至今仍然在家啃老，不断抱怨："谁让你们当年逼着我复读！考不上怪谁？"

这是我们现在所谓"快乐教育"出现的两种极端形式。

教育就是教育，没有那么多的附加项，所有的附加项都是对教育的一种"窄化"。这种"窄化"会让教育失去它本来的意义。

教育是一个过程，是一种平衡艺术。我们曾经攻击"虎妈"，攻击《虎妈战歌》，但是又有几个人能够真正理解"战歌"背后蕴藏的教育学？"虎妈"蔡美儿是耶鲁大学法律系高才生，现为耶鲁大学法学院终身教授，其父毕业于加州大学伯克利分校，在这样一个精英教育家境背景里成长，难道她的教育真的像我们所理解的那样不堪吗？答案当然是否定的，他们深深地懂得，好的教育从来都是控制欲和控制力的完美匹配。

那么什么才是"平衡"与"完美匹配"的教育？

首先是系统的付出。

孩子，尤其是18岁之前的孩子，年龄越小，父母越要通过系统的、持续的付出发展其生理功能、行为能力与情感体验，这种付出的过程让孩子体验到这个世界的规则。

从照顾自己到照顾他人、照顾家庭，再到照顾世界，这是孩子成长与发展的完美轨迹，也是父母需要坚持与坚守的底线。

孩子会在我们的坚持与坚守里体验到安全感、真实感、价值感与幸福感，也会在系统付出中构建"自我组织系统"，建立与世界的互动模式。

其次是失败的锤炼。

失败是生命馈赠于成长的最好礼物，没有失败锤炼的生命本身就存在缺陷。同时，失败让意志得以磨炼，让思考和行为更加与现实接轨，让快乐和幸福更加接地气，更加真实与发自内心。

最后是快乐的升华。

快乐的升华是幸福，父母给予孩子的"空降的快乐"就是"空降的幸福"，一时的获得过后是更多的纠结与痛苦。这些纠结与痛苦一旦成为历史，孩子就很难通过自己的努力去创造快乐与幸福。

我们用努力创造的快乐才是真正的快乐。快乐不是空穴来风，幸福不是平地起楼，是努力和创造给予的馈赠。

教育就是教育，快乐就是快乐，痛苦就是痛苦。所有的偏倚都是想象出来的"幌子"。

"学习"是一件苦差事吗？王阳明在《训蒙大意示教读注》中说："彼视学舍如囹狱而不肯入，视师长如寇仇而不欲见。"

这多么形象啊，把学校当作监狱一样去对待，把老师当作仇人一样去对待，这也是现在很多学生对学习的一种认知和态度，甚至很多成年人认为学习本身也是痛苦的。但是学习本身就只是一件事而已，无所谓好还是坏。但是现在我们经常会认为学习应该是快乐的，但是没有多少人能够真正体会到学习的快乐。有人说学习本身是痛苦的，所以我们选取了避苦的本能，这就使得我们无法在学习这条路上走得更远更深。

人是善的还是恶的，对此王阳明认为"无善无恶心之体，有善有恶意之动，知善知恶是良知，为善去恶是格物"。人本身就是一个存在，没有所谓的善恶，当我们想这个事儿时它就有了善恶。我们很在意孩子的成绩，意愿一动它就有了好坏，所以叫意之动。知善知恶是良知，你说我知道孩子考了20分，但他也有学得好的部分，这个是有良知的家长；孩子考得不好、成绩不好了就觉得这是坏事，这是没有良知的家长。最后为善去恶是格物，如果能够做到区分地对待，成绩好怎么对待，成绩不好怎么对待，那这会让我们变得更有智慧，把事情做得更好。学习本身是一件事儿，我们不要赋予它太多个人的情绪、个人的情感，学习无所谓痛苦，无所谓快乐。我们不要有倾向地去引导它。曾经有一个大学教授说："快乐学习毁了几代孩子。"快乐学习本身也会存在痛苦，因为我们赋予了它痛苦还是快乐，所以它才有了痛苦或快乐。我们不用去纠结学习究竟是快乐的还是痛苦的。

第四章

学习策略

学习策略：

学习策略的意义是细化学习过程、确保学习结果，是在学习方法领域给予学生、教师和家长更直接有效的帮助。

研读重点：

学生篇——能力比知识更重要。

教师篇——教是为了更好地学。

家长篇——关系影响孩子成绩。

学生篇

学会学习——学习生产线

所属模块

策略-工具模块

课程设计理念

某权威机构组织曾对北京、上海、广州、苏州、成都等多个城市的重点中学学生的学习情况进行了调查，发现了一个非常有趣且耐人寻味的现象：绝大多数成绩优秀的学生，都有一套非常明确、适切的学习方法；而成绩相对较差的学生，则往往不清楚应该怎么学习，甚至从来不知道学习是要讲究方法的。中国青少年研究中心孙云晓副主任曾说过："学习方法比考试成绩更为重要。"所以我们要为学生提供一套好的学习方法，这是当务之急。

如果学生能掌握这些学习方法并形成良好的习惯，那么他们将拥有更高的学习境界，学习效率也会大幅度提高，取得好成绩也就不是什么难事了。

课程目标

一、为学生剖析想要成绩好所必需的五个步骤。

二、为学生树立寻找好方法胜过埋头苦干的观念。

三、为学生找出最适合自己的学习方法。

四、训练学生熟练使用这些方法。

课程准备

提训课案。

课程过程

一、课程导入:"一只杯子的竞争力"。

二、介绍"五步学习法"及每一步所占的百分比。

三、"五步学习法"的具体应用。

四、发放"五步学习法"卡片。

五、作业:把"五步学习法"应用到各科学习中。

六、结束语:想,要壮志凌云;干,要脚踏实地。

附:"五步学习法"卡片

"五步学习法"		
步骤	方法	具体方法
第一步	预习	①通读内容;②回忆复述;③标出"重、难、问"
第二步	听课	①认真聆听;②做好笔记;③积极参与
第三步	复习	①回忆复述;②通读强化;③处理问题
第四步	做作业	①设定时间;②只做会的;③做好检查
第五步	考试	①调适状态;②运用技术;③保八争二

利用笔记——"烂笔头"的妙用

所属模块

策略 – 工具模块

课程设计理念

"好记性不如烂笔头",这是古圣先贤的智慧之言。但是很多学生常常在记笔记的时候不讲章法、不分重点,甚至事无大小均有记录。这不仅浪费宝贵的学习时间,还增大了复习难度,甚至出现记的笔记自己都不想看的现象。而好的笔记法能够帮助学生思考、总结和复习,5R笔记法(康奈尔笔记法)就是这样的笔记法,它能够帮助学生提高学习效率、提升学习成绩。

课程目标

一、重视好的笔记法对学习的促进作用。

二、教会学生使用5R笔记法。

三、通过使用5R笔记法,学生能提高学习效率、提升学习成绩。

课程准备

5R笔记法样板(每人一张)、学情调查分析表、空白笔记本(每人一本)。

课程过程

一、课程导入:你的笔记是什么样的?它有哪些优缺点?请三位同学作答(6分钟)。

二、小组讨论:什么样的笔记能够帮助我们学习?请三位同学作答(6分钟)。

三、介绍5R笔记法(12分钟)。

四、发放 5R 笔记法样板（每人一张），根据样板学习怎么记 5R 笔记，每人试做一张，课后上交（8 分钟）。

五、作业：把 5R 笔记法应用到各学科笔记中。

六、结束语：草船借箭，省时省力。

附：

1.5R 笔记法（康奈尔笔记法）

康奈尔笔记法是由康奈尔大学的 Walter Pauk 教授于 20 世纪 50 年代设计的，如今已被广泛应用。这一方法几乎适用于一切讲授或阅读课，特别是对于听课笔记，该方法应是最佳选择。这种方法是记与学、思考与运用相结合的有效方法。具体包括以下步骤：

记录（Record）：在听讲或阅读过程中，在主栏（将笔记本的一页分为左小右大两部分，左侧为副栏，右侧为主栏）内尽量多记有意义的论据、概念等讲课内容。

简化（Reduce）：下课以后，尽可能及早将这些论据、概念简明扼要地概括（简化）在回忆栏，即副栏。

背诵（Recite）：把主栏内容遮住，只用回忆栏中的摘记提示，尽量完满地叙述课堂上讲过的内容。

思考（Reflect）：将自己的听课随感、意见、经验体会之类的内容，与讲课内容区分开，写在卡片或笔记本的某一单独部分，加上标题和索引，编制成提纲、摘要，分成类目，并随时归档。

复习（Review）：每周花 10 分钟左右的时间，快速复习笔记，主要是先看回忆栏，适当看主栏。

将记笔记所用的纸张分成两栏：笔记栏（通常在右侧）和关键词栏（通常在左侧）。笔记栏的宽度约为关键词栏的两倍。在页面的下方留出 5 至 6 行或宽约 5 厘米的空白区域，记录讲座内容或课堂笔记。

笔记通常应包括文章或者演讲的主旨；重要的概念应配有解释；尽量不

要使用过长的句子；多使用符号和缩写来代替那些冗长的专业词汇；相关问题应尽快记录，这样可加深记忆；关键词应记录在关键词栏。

2.5R 笔记法示意图

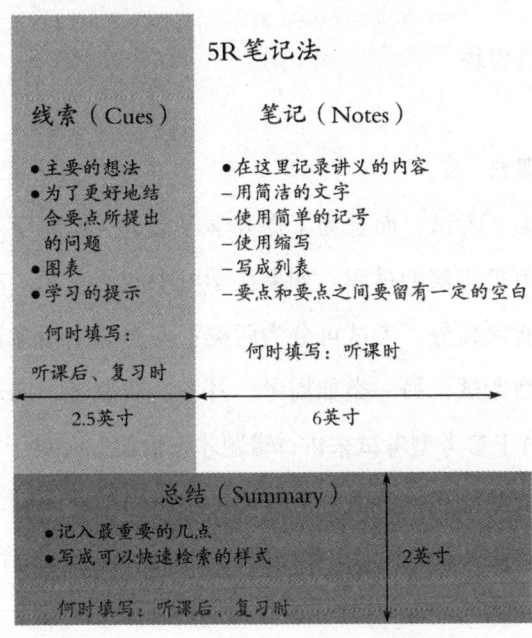

学习工具包——相见恨晚的高效学习法

所属模块

策略－工具模块

课程设计理念

学习不是为了考试,而是为了提升学习水平、培养学习能力。学习的过程就是不断避免犯错误的过程。如果在学习中能不断地、准确地发现错误并改正,考试就能拿高分。考试可分为两类:一类如中招考试、高招考试,我们称之为标准型考试;另一类如周考、月考、期中考、期末考,我们称之为参考型考试。对于参考型考试来讲,错题才有价值;而对于标准型考试来讲,做对才是目的,得分才是价值。了解记忆规律和做题原则,学会运用考试分析表、错题管理模拟表,有助于学生进行考试分析和错题管理。

课程目标

一、能够区分参考型考试和标准型考试,认识到参考型考试的错题价值。

二、了解记忆规律和做题原则。

三、学会运用考试分析表、错题管理模拟表。

课程准备

教案、日常错题汇总及解答表、考试试卷分析表、考试错题汇总及解答表。

课程过程

一、课程导入:考试满分与考后满分。

二、介绍参考型考试和标准型考试的区别。

三、学习工具包：

（一）考试分析表。

（二）错题管理模拟表。

（三）时间管理表。

四、作业：根据学习工具包中的三个表，填写自己的日常错题本和考试错题本。

五、结束语：尊重方法和规律，指导学习实践。

附：**考试分析表**

考试分析表							
考试科目：_____ 考试类型：_____ 考试时间：_____							
题型	得分	失分	会而失的分	涉及的知识点	不会失的分	涉及的知识点	
应得成绩			【　】+【　】 现有分数 + 会失的分					
主客观因素综合分析								
下次目标								
以后需克服的困难								
家长监督鼓励：								
原来考试后可以这样分析，我再也不会因考试不好而背包袱了！								
___年___月___日								

高分之道——决胜考场的"六脉神剑"

所属模块

策略－工具模块

课程设计理念

中学时期，知识发生结构性变化，学习内容更加全面，考试越来越频繁，也越来越讲究技巧，学生常常因为缺乏考试技巧而失分。

除了考前复习可以为考试正常发挥打下基础外，要想更大限度发挥水平，还要正确运用考试方法和技巧。拿到试卷后认真阅卷及审题、正确对待难题、保持节奏、保八争二等，这些方法和技巧都会直接影响考试成绩，但往往被学生忽略。

本小节通过案例分享、小组讨论，让学生知道考试发挥失常是每个人都会遇到的问题；学生通过自查、自觉，可以正确对待考试，发挥出正常水平。

课程目标

一、通过案例分析、自我剖析，让学生明白考试过程中的紧张、失分等现象是普遍存在的。

二、通过小组讨论，让学生找到保持考试最佳状态的方法和技巧。

三、让学生筛选适合自己的方法和技巧，帮助自己取得最好成绩。

课程准备

三分钟试卷。

课程过程

一、课程导入：连续两年的高考状元案例。

二、三分钟试卷测验。

三、小组讨论。

四、决胜考场的心理技巧：

（一）考前技巧。

（二）考中技巧。

（三）考后技巧。

五、决胜考场的应试技巧——"六脉神剑"：

（一）统览试卷。

（二）先易后难。

（三）一慢一快。

（四）简明扼要。

（五）检查保八。

（六）争取拿二。

六、作业：在考试中找到并应用最适合自己的考试技巧。

七、结束语：最适合自己的方法就是最好的方法。

查弱提分——获取总分优势的技巧

所属模块

策略－工具模块

课程设计理念

初中阶段的学生，一方面，拥有自己的"小世界"，开始对某些东西产生兴趣，并朝着自己喜好的方面发展；另一方面，逻辑思维能力有了很大发展，比较喜欢理解、动脑类的学习内容，对于背、读、记、写的内容相对排斥。这样就会导致他们对兴趣学科积极投入，对"厌弃"学科忽视疏离。

短板效应——通过学习木桶原理让学生认识到短板效应对学习发展的消极影响，以及偏科对自己人生的重大影响，从而审视自己学业上的不足并找到原因，让学生意识到"总分取胜"的意义，并找到自己学习中的短板，恰当归因、找到改进方法。

课程目标

一、木桶原理——短板效应，启发全面提分意义。

二、找到自己的薄弱学科，分析原因。

三、找到克服薄弱学科的方法，树立学习自信。

课程过程

一、课程导入：短板效应体验。

二、短板探索：《我的短板》故事。

三、小组讨论：故事中的同学为什么没有考上重点高中？造成他语文短板的原因可能有哪些？

四、制作并填写"我的短板学科"表。

五、长板探索：长板学科分组，探索长板学科学习经验。

六、制作并填写"我的长板学科"——学科、经验、启发。

七、获取总分优势的三个技巧：

（一）扬长。

（二）避短。

（三）补漏。

八、结束语：亡羊补牢，为时未晚。

附：短板科目分析表

		科目1（ ）	科目2（ ）	科目3（ ）	科目4（ ）
学习不好的原因	不喜欢该科目				
	不喜欢教学老师				
	听不懂				
	理解困难				
	记忆不好				
	笔记不详细				
	缺少学习方法				
	作业完成度差				
	熟练度不够				
	没有及时复习				
	没有及时总结				
	其他				
打算怎么改变现状	我准备				
期望达成目标	期中拟提高10分				
	期中拟提高20分				
	期末拟提高10分				
	期末拟提高20分				

教师篇

成绩的五条生产线

产品质量取决于生产流程,而成绩取决于学生的学习过程。学习是要讲究一定的方法的,在本小节中我们把其称为成绩的五条生产线(也称五步高效学习法)。五条生产线按照顺序来说包括预习、听课、复习、做作业和考试。五条生产线在整个学习过程中的重要程度有所不同,根据有关研究得知,预习占25%,听课占20%,复习占30%,做作业占15%,考试占10%。

本小节将详细说明五条生产线的流程,并从心理学角度对每一条生产线的流程进行解读。

一、预习

预习是为听课做好充分准备,以提高听课的效率,优化听课的效果。学生预习的过程就好比教师上课前的备课过程。

1. 预习的流程。

(1)浏览:花费少量的时间(每个学科3至5分钟)快速浏览一下第二天将要学习的内容。

(2)回忆与复述:回忆一下,再用自己的语言复述一遍。

(3)标出重点、难点和问题:用自己喜欢的符号(或者老师规定的符号)在书上标出重点、难点以及疑点。比如,重点用"☆"(或"____""===");难点用"!"(或"△");疑点用"?"。标注时用铅笔,方便听课结束后擦去不再需要的标记符号。

2. 预习的心理解读。

(1)完成信息摄入,形成固定的神经元细胞;建立第一印象,消除陌生感,完成对大脑的第一次刺激。

(2)运用潜意识,形成知识"整体意识"。

(3)发现问题,进而能带着问题听课。带着问题听课使得听课更具有针对性，方便学生在课堂上把精力和注意力更多地倾向于疑点，提高听课效果。

二、听课

听课的目的主要是掌握新知识、新技能，或者形成、丰富人生态度与世界观。听课的实质是自己与老师、同学或者自己与自己的一种讨论。

1. 听课的流程。

（1）听：确定自己在听老师说话。努力听清楚老师说话的内容，并与自己预习的内容相对照，初步确定重点，攻克难点，解除疑点。

（2）记笔记：在课本上或者课堂笔记本上及时记录老师对重点知识的补充、说明、解析等，听课过程中出现的新的疑点以及补充的典型例题等也要做简要的记录。

（3）参与：举手回答问题。只有自己亲身体验了、参与了，对知识的理解才比较深刻，记忆才比较长远。例如，有一位农民把自己的孩子培养成了博士，他与孩子沟通最多的就是每天问孩子："今天你举了几次手？"

2. 听课的心理解读。

（1）对大脑的第二次刺激。

预习是对大脑的第一次刺激，听课是在预习的基础上对大脑的再一次刺激。

（2）开动"听、视、动"的综合学习渠道，建立完整的知识结构。

听课是动眼、动耳、动脑、动手、动心的整体工作，是多种感觉器官与大脑、心脏等协调配合，从而构建完整知识结构的系统工程。

（3）在碰撞中，发现差异与问题。

听课过程中学生的思维与老师的思维难免会发生碰撞，甚至是激烈的碰撞——同一个知识点为什么老师的讲解与课本不完全一致，这种不一致是表面上的区别还是本质上的差异？哪一种方式更好、更有利于自己的理解和掌握？老师给出的新的论据能够充分支持本节的论点吗？……这些都可能是学生听课过程中的真实想法。这些真实想法对于学生的思维发展是至关重要的。

三、复习

复习的过程就是准备考试的过程。如果把学习过程比作爬山，预习就是先乘车上山顶再说，听课是从山下往山上一步一个脚印地走，复习是从山上往山下走，是一个下山的过程。从复习者的自主性来看，复习的方式可以分为跟随式复习和自主式复习两种。跟随式复习就是听从老师的复习安排，跟着老师的节奏去复习；自助式复习就是按照自己制订的复习计划进行复习，老师的复习建议仅作参考。复习就是学习的"胃和小肠"，就是学习的消化系统。学得好不一定考得好，但复习得好一定能考好。

1. 复习的流程。

（1）回忆、检索、复述：在不看课本和课堂笔记本的情况下，努力回忆和检索课堂所学的知识点，并用自己的语言复述出来。

（2）浏览、翻书：打开课本和课堂笔记本，浏览重点知识、所记录的补充内容以及预习时的疑点等。

（3）发现与解决问题：通过对比听课记录和预习记录，发现问题并及时解决问题。认真复习，你会发现学习是一件需要智慧的事情，不容易，但也没那么难。

2. 复习的心理解读。

（1）完成记忆的第三次刺激，形成神经元连接。

（2）将自己的理解、课本描述、教师讲解进行整合。

（3）内化为自身的一部分，即学习者把新学习的内容整合纳入自己已有的知识结构中去。

（4）复习是考试的开路先锋，是成绩的有效保障。复习主要就是为了迎接考试的，复习好是考得好的必要前提和充分保障。

四、做作业

1. 做作业的流程。

（1）将每科作业按先易后难排序。

（2）估算完成时间并做好记录。

（3）认真完成第一个学科的作业。

（4）第一科作业完成后，休息10分钟，然后开始第二科。

2. 做作业的心理解读。

（1）解题是解其共有特征，应对同类题型进行归类整理或标注。

（2）将课堂所学与习题进行有效关联，验证听课效果，并形成触类旁通的意识。

（3）做作业就是没有时间限制的考试。在平时应该尽量有意识地给每一科作业设置一个大致的完成时间。形成多长时间与多少题量的关联，在平时就对考试时间有一定的掌握。

（4）对待作业和试卷应该是一样的态度。做作业就是考试前的"练兵"。

（5）熟练做作业就能熟练做试卷。考试只不过是平时作业题型归类、有时间限制的学习成果的检验，是多个阶段作业的综合考评。

（关于做作业的详细内容，见下一篇《如何做作业》）

五、考试

最后一条生产线是考试，考试可以看作是学生展现自己学习成果的一次正式的机会。

考试可以分为参考型考试和标准型考试。参考型考试主要是检验不会的，检验所学知识还有哪些没掌握，帮助学生把不会的知识学会，它关注的是考后满分。标准型考试的主要目的是甄选人才，它重点关注考试满分。考试是对学生的身体状况、知识实力、考试技巧和考试心理的综合检验。

关于考试——"给学习打个结"

在哥伦比亚的一所中学，实验人员安排了两组八年级的学生用不同的方法来学习科学课的一些小知识。

一组人仍采用老办法，在老师的带领下重复阅读，但没有做过测试；另一组人需要经常接受关于这些知识点的小测验。

一个月以后大考，凡是考到那些用小测验来学习的知识点的时候，学生们的平均成绩是 A−；而在考察那些仅做复习但是没有测验的知识点的时候，学生们的平均分数为 C+。

由此可知，考试可能是提升学习效果的最好方式。

如何做作业

如果说预习、听课、复习是在修路,那做作业就是路修通后的试运行。作业也是给学习打个结,学得怎么样,通过作业可以了解一个大概情况。独立做作业的过程相当于考试的过程,学生对待作业的态度,就是考试成绩对待学生的态度。学生认真对待每一次作业,考试成绩往往也会给学生一个优厚的回报;如果学生写作业马马虎虎,或者敷衍了事,考试成绩也不会给学生留情面。

1. 做作业的流程。

(1)先把所有学科的作业按照自己喜欢的方式排好顺序(一般是先易后难)。

(2)估算完成每一学科的作业需要的时间并做好记录。

(3)认真完成第一个学科的作业,并坚持检查。

(4)休息10分钟后,继续完成第二个学科的作业,以此类推,直到完成当天的所有作业。

2. 做作业的心理解读。

(1)解题是解其共有特征。解决问题、对题目进行解答是所有学科作业的共同特征。

(2)把预习、课堂听课以及复习后掌握的知识和技能加以应用和输出,通过作业这一载体来验证学习的效果。

(3)做作业就是没有时间限制的考试。认真独立地完成作业实质上就是一种考试,只不过是没有严格的时间限制。

(4)对待作业的态度就是对待试卷的态度。平时认真对待作业的学生,将来考试时也会认真对待试卷;平时对待作业马马虎虎、敷衍了事的学生,将来对待考试也不会认真。

(5)熟练做作业就能熟练做试卷。通过自己的努力,写作业能够非常娴熟的学生,将来在考场上答题时也会"如鱼得水";如果平常做作业磕磕绊绊,那么将来考试时虽然不一定"四面楚歌",但一定不会顺利。

让学生知道"复习决定成绩"

临近期末考试,同学们的情绪越来越紧绷:

"要是没考好,我春节就甭想过好了。"

"我期末考试肯定完了,春节不准备走亲戚了,没脸见人。"

"我今年如果考到班里前十名,就可以有个摩托车了……想想都兴奋,我一定要考好!"

……

而这一切的想法其实都已经影响到我们当下最重要的事情——备考复习!

也许是压力,也许是无压力的空虚,也许是绝望,也许是充满信心的忐忑,我们都不能回避复习这个事实。

我们有时为了激励学生平时好好学习,就跟他们说"大考大玩,小考小玩,不考不玩",乍一听似乎很有道理,但学生可能会用事实证明这是错误的。

这里有两个相关概念的目的我们需要澄清:学习与复习。

学习是为了积累知识,培养能力。

复习是为了考试。

由此我们可以理解:学得好不一定考得好,复习得好一定能考好!这句话结合自己的学习与考试可以理解,在此不再赘述。

那么究竟如何才能取得理想的期末考试成绩呢?

首先,带着学生一起做心理准备。

表面上都知道期末考试来了,但是很多学生只是由于本能而紧张,内心并没有真正"动起来"。因为他还没有做好心理准备。做好心理准备的学生是可以坦然接受自己这一学期的"满意"与"不满意"的,是可以知道自己的"紧张"的,是可以真实面对自己的复习并清楚自己能做什么的。

其次,做复习计划。

复习计划的两个层面:一个是清楚老师的引领复习计划,一个是制订自己的个体复习计划。老师的计划是针对全体学生的,自己的计划是针对个人的。

计划完成以后会遇到一个难题:执行。所以在计划完成后要先输入我们的大脑,就是在自然放松的状态下想象计划执行的整个过程,代入当时的每一个情境,"看到"执行中的每个细节。如此做的意义是让我们在到达那个情境的时候,能够通过自动化反应迅速代入,从而保证执行效果。

再次,回忆与复述策略。

对于学过的知识,我们没有必要进行重复的针对"点"的死记硬背,比背诵更重要的是能够通过浏览课本内容迅速回忆每个章节或课文涉及的重点与难点,同时用自己的语言(切记:是自己的语言)描述或表达(这会刺激大脑的前额叶皮质,让我们享受创新的乐趣)。

最后,使用错题本。

错题本是个体复习的关键。因为它只和自己相关,和别人无关。当我们清理错题后会给自己心理上制造一种优越感:"我已经把遇到的不会的题都解决掉了,对我来说都是会的。"这种感觉的代入会让我们在心理上更加踏实。

考试心理操——重塑高考"梦想模型"

高考将至，学的知识已经到了要爆发的黄金时间，你准备好用什么样的方式爆发出三年沉淀的威力了吗？是悄无声息的"闷响"，还是震耳欲聋的"狂轰滥炸"？抑或是设计好的"顺流而下"？

也许我们可以在考前做点儿什么。

刚刚结束一个高三学生的考前心理咨询，这位同学带着压力而来，咨询结束时又带着压力离开。这次心理咨询没有制造刻意的减压体验，只是完成了一个"造梦"过程和应试技巧的完美结合。这已经足以让心灵安驻，期待那一刻释放的精彩！"……想象顺利考试后期待已久的一幕，让那一幕在头脑中越来越清晰，越来越真实，慢慢让它定格，定格成一个情景，如同一张彩色的照片……"

"带着这张照片回到高考那天早晨，起床……洗漱……吃饭……走出家门……走进考场……拿到试卷……走出考场……"

…………

"实现照片……"

…………

40分钟的时间完成两天考试的整个过程，让每个细节更加清晰，更加真实，没有刻意的虚夸，没有矫揉的造作，让感受身临其境，让应试技巧与感受在体验里完美结合。至此，用想象和体验完成了高考梦想的模型。

"我觉得高考没有我想象得那么可怕，我感觉在每一幕、每一处我都很轻松……"学生说，"我这几天每天做一次考试心理操，当别人都是第一次参加高考的时候，我已经是第四次、第五次、第N次参加高考了，想想我都觉得兴奋……"

是的，考试心理操的意义在于利用我们每个人的想象帮助自己塑造一个"考试梦"，当我们在想象的空间里越来越清晰地呈现的时候，真正走进考场只是让它从想象走进了现实，在现实世界重新演绎了一遍而已。那种感觉已经不再是想象，而是一种自我实现。

自我实现是人类个体的一种最高层次的需要，带给我们的体验超越物质、超越生理、超越归属。

人类之所以伟大，是因为人类有别于动物的根本在于我们会想象，想象给我们提供了更大可能外的"不可能世界"，也让我们有了更多去了解"不可能世界"的动力与智慧。

高考——"让梦想走进现实"，你今天"做梦"了吗？

浅谈初中数学活动课的教学策略

在新课程精神的指导下，现在的课堂教学正发生着日新月异的变化，"以人为本""终身学习""人的可持续发展"等观念已深入人心。《数学课程标准》明确指出："学生是学习的主人，教师是数学教学活动的组织者、引导者和合作者。"为了使课堂更生动有趣，更具有现实意义，让学生真正做一个学习活动的主人，"活动化"教学的意识和模式已成为人们关注的热点。

一、什么是活动教学

活动教学最突出的就是强调学生的自主参与性。与以往学生在教学过程中处于被动和只重视间接经验的内在活动不同，活动教学中的活动是以学生的学习兴趣和内在需要为基础，以主动探究、变革、改造活动对象为特征，以实现学生主体能力综合发展为目的的主体实践活动。数学教学活动化的教学评价关注的不再是一张张令人发怵的考卷，也不再是教师严厉目光下的"监督劳动"，而是学生活动的过程、学习的过程、正确认识自己的过程，是学生主动发展的过程，是师生之间增进了解、共同反思教与学的经历，形成对教学策略与成效的共识，并共同谋求改进方向的过程。这正是义务教育阶段数学教育的基本要求。这一基本要求体现了数学新课程的基础性、普及性和发展性，也体现了数学新课程以人的发展为本，面向全体学生，实现"人人学有价值的数学、人人都能获得必需的数学、不同的人在数学上得到不同的发展"的核心理念。

二、如何设置活动教学

第一，要研究活动的对象性。心理学告诉我们，初中阶段是学生身心剧烈变化的时期，该阶段的学生具有较大的可塑性和模仿性。初中阶段是学生成长的转折期、教育的困难期，同时也是发挥他们自身作用的关键期。为了进行教育管理，就得分析了解该阶段学生的心理特征，做到有针对性地工作。初中生有如下四个心理特征：（1）发育趋向完善，开始对性好奇；（2）相当重视伙伴关系；（3）好动、好乐、好奇、好胜；（4）产生了独立性与反抗性，并日趋强烈。

第二，要研究活动的实践性。学生需要在做中学，在学中做，做学统一，以促进自身的整体发展。实践是认识的源泉，一段时间以来我一直在做数学活动课的教学实验。通过实验，我深深地感受到在数学教学中，我们在传授知识的同时，一定要紧密联系实际，培养学生的应用意识，体现数学的价值，使学生在学习与应用知识的过程中对所学知识有一个深刻的理解，做到能运用书本上所学的数学知识解决实际问题。

第三，要研究活动的整体性。反思我们过去的教学，无论是学科教学还是活动过程，都存在一些问题。内容的选择没有得到系统建设，课程实施事实上处于比较放任的状态，没有把基础教育培养人当作我们的理想追求，教师主要关注的是学生的成绩，很少关注学生的全面发展。综合实践活动课程强调以学生的发展为本，把课程看作是一个动态的学习过程，因此，我们必须立足学生的全面发展，整体构建综合实践活动的内容，主题的确立要满足学生的个性需求，让每个学生都在数学活动课中学有所得。

第四，要研究活动的开放性。数学活动课关注的是学生在活动过程中的学习体验和个性表现，推进学生对自我、社会和自然之间内在联系的整体认识与体验，谋求自我与社会、自然的和谐发展，让学生在体验与探究自然中不断成长，在参与和融入社会中不断成熟，在认识社会的过程中不断完善自我。综合实践活动中某一课题的研究与探讨结果并不是活动的最终结果，所以，实践活动过程与结果的评价标准应该是多元的、开放的。

第五，要研究活动的建构性。建构主义作为一种新的学习理论，对学习和教学提出了一系列新的解释。它强调知识并不是对现实世界的绝对正确的表征，不是放之各种情境而皆准的教条。学习者不是空着脑袋走进教室的，在以往的生活、学习和交往活动中，他们逐步形成了自己对各种现象的理解和看法。而且，他们具有利用现有知识经验进行推论的智力潜能。相应地，学习不只是知识由外到内的转移和传递，而是学习者主动地建构自己知识经验的过程，即通过新经验与原有知识经验的相互作用，来充实、丰富和改造自己的知识经验。建构主义作为一种学习理论极具启发意义，但在一些问题上也有偏颇，而且其内部也存在诸多分歧。我们一方面要在理论上深入分析和把握它，以辩证的观点认识学习和教学中的基本问题，另一方面也应具体到教学活动中，在更具体的情境中汲取其合理之处，从而建构我们自己的学习和教学理论。

三、如何实施活动教学

数学教学中的实践活动一般分为课内实践活动和课外实践活动两种方式。课内实践活动以解决单一知识点为主，活动内容一般在课内完成。课外实践活动相对范围较广，多用于众多知识点的学习和综合能力的训练等，而且活动时间较长。形式一般有以下几种：（1）操作与制作实践活动；（2）游戏竞赛实践活动；（3）实际测量实践活动；（4）观察、调查实践活动；（5）课题研究实践活动。

四、活动教学后的反思

活动教学后要及时反思，总结提高。活动课程设计力求做到遵循面向现代化、面向世界、面向未来的战略思想，全面贯彻教育方针，有效地对学生进行素质教育。因地因时因人设计活动，综合运用社会、生活和学科知识，开展以学生为主体、自主动手动脑的活动，使学生获得直接经验和多方体验，培养学生的主体意识、实践意识、创造意识，促使学生发展个性特长，增进身心健康，为培养适应 21 世纪建设需要的全面发展人才做出贡献。

总之，活动课使学生求发展，使不同需要不同水平的学生在活动中都有一个自我发现、自我发展的广阔天地。因此，我们应该做开展数学活动课程的有心人，认真上好数学活动课，为全面提高学生的数学素质而努力。

高考如何考高

研究表明，在20个影响高考的因素中排在第一位的是考中的心理状态；第二位是考前的心理状态；第三位是学习方法；第四位才是学生的知识水平。高考马上来临，很多考生都感觉压力巨大、紧张焦虑。考前应如何进行心理调适？如何有效释放压力？如何为高考加分？

一、如何应对考前压力

高考是人生的一次重大挑战，考生有压力是正常的，而且适度的压力还有利于高考的超常发挥。然而，压力过大，从而引起心理、生理的不适，就会成为一种负面力量，阻碍高考的正常发挥。这就是所谓的"考前综合征"。考生出现这种症状大多是因为一些不可抗拒的担心引起的，如担心考试时自己有一大堆题目不会做，担心考差了被老师批评、父母责骂、同学嘲笑，等等。越担心就越紧张，越紧张往往就越考不好。所以，高考前夕调整好心态非常重要。

对考生而言，最后这几天时间，一方面，复习与放松要相互结合，张弛有度。考生要养成良好的作息习惯，调整好学习计划，保证充足的睡眠，不能因为复习功课持续熬夜。另一方面，可以去公园散散步，或者做一些运动，以缓解焦虑情绪。

对家长而言，要在孩子压力最大、心理最敏感的时期，把自己的焦虑情绪和目标要求巧妙地隐藏起来，不要频繁提醒孩子（"马上要高考了，你一定要抓紧时间学习啊"），不要过多指责（"都快高考了，还这么早睡觉"）、过分关心（"千万要注意身体啊""最近学习很累吗"）。此时不谈高考更利于孩子高考，家长要当好孩子的"定海神针"，以一颗平常心对待高考，为孩子创造一个宽松、愉快的学习环境。

二、如何进行考场心理调适

考场心理调适的确非常重要，若迟迟不能进入考试状态，对考生的发挥会有致命的影响。考生的整个状态，在某种意义上对高考具有决定性作用。

在状态调整方面，我介绍四种方法。

第一，心理暗示。考生在走进考场的过程中，可以在心里给自己一些积极的暗示，比如"我已经准备好了""我遇到的不会的题目已经搞懂了""这是一次检验我能力的机会"等。

第二，制造心理优势。考生进考场时一定要走前门，充满自信地走进去，并且在讲台上停留3~5秒钟，俯视整个考场，在心理感受一下那种"会当凌绝顶"的感觉。这样可以在内心建立起一种心理优势。

第三，主动和监考老师打招呼。很多考生在考场中最怕的就是和监考老师有目光接触，一旦接触就有一种心虚的感觉，原本紧张的心就更加忐忑起来。所以，考生要积极打破这种障碍，主动跟监考老师打招呼，并报以微笑。这样做，即使没有得到很好的回应，在考生心里也有了一种和考场中的"权威人士"已经建立起联系的感觉。

第四，深呼吸。如果考生坐到自己的座位上还是很紧张，可以采取深呼吸的办法。同时，眼睛可以盯着一个物体不动。这样做几次，整个人就会平静下来。

三、"六脉神剑"，招招为高考加分

考试不只是埋头做题而已，它的确需要智慧。在这里，我给考生如下六大建议（"六脉神剑"），做好了可以真正为高考加分。

1. 统览试卷——用潜意识做题。

考生拿到试卷以后不要急于做题，而是先"认识题"，把整个试题浏览一遍。目的有三：一是消除陌生感，"因为见过，所以熟悉"。二是将题目扫描进我们的潜意识，用潜意识做题。因为我们做题更多是用意识层面在做。当我们读过题目以后，潜意识就会在背后帮助我们整合知识点以及知识点之间的关联。很多考生忽略了这一点，其实是个损失。三是检查考卷的完整度、清晰度等。

2. 先易后难——坚持"三分钟原则"。

统览试卷以后，就要开始规范答题了。考试，是考所学知识，也是在考

时间规划。所以，考生必须要把握好时间。遇到不会的题，如果三分钟之内还没有思路就要马上放弃，否则考试状态很容易受损。结果就是原本后面会的题也不会了或者没时间做了，那就太得不偿失了！

3. "一慢一快"——慢读题快答题。

所谓"一慢一快"，就是审题一定要慢，做题一定要快。"慢"是为了审清题意，避免犯经验主义错误，即一看就会，一做就错。具体做法是三遍读题（前后、后前、前后）。"快"是为了保证考试时间的同时，确保思路缜密与严谨，做到步步拿分。

4. 简明扼要。

考试时要注意条理分明、思路清晰，并且要注意书写规范。答题的时候，尤其是文科试卷，不要认为写得多就拿分多，不是这样的。阅卷老师的脑子里只有标准答案，以及一些关键词汇和语句。所以，考生在答题时不要一味追求多写而使整个卷面潦草不堪，这很影响考试成绩。

5. 检查保八。

考生在将会的题（一般有 80%）全部做完后，不要急于做不会的题，而是先将会的检查一下，目的是给会的"加把锁"，保证拿分。会的没有拿到分，不会的还是不会，那就悲摧至极了。

6. 争取拿二。

在各科高考试题中，一般有 20% 中高难度的题，这些题是一定要放到最后做的。具体做法就是保证基本的做题步骤，会到哪里就写到哪里。这个一定要有，不能一看不会就不做了。

如果考生能真正做到这些，高考要考高，应该不是什么难事。

错题管理

每一个中考状元和高考状元,他们在谈学习方法的时候,有一个东西是出现频次最高的,那就是错题本。错题本是学生的拿分神器。

我曾做过一个实验,参加这个实验的有郑州市初三和高三的老师,我让老师们把这些普通错题整理成试卷,让学生们重新做,错误率竟然高达40%。当时有一位老教师还说:"这是咋回事,题目不是之前都做过了吗?"现在很多学生因为不知道自己哪里会哪里不会,所以做了太多无效且重复的工作。我们做的这个课题实验,反映了学生并没有真的把不会的变成会的,所以没有实现考试的意义。

当时我们课题组的几个老师到班里去看学生,他们拿到试卷以后的反应有五种。第一种是拿到试卷直接纠正;第二种是老师边讲边纠正;第三种是老师讲完了,抄黑板、抄同学的;第四种反应是讲完后再做一遍;第五种是觉得自己会了,不用纠正。老师讲完他会了,但他并没有真的理解,没有把知识转化成自己的。

在心理学中,有一个艾宾浩斯遗忘曲线,大概6~9个小时是人遗忘的第一个高峰,24个小时是人遗忘的第二个高峰,第三个高峰是6~30天,这段时间一直持续保持20%~30%的记忆。6~30天,我们称之为记忆的相对稳定期。这种相对的稳定能判断一个人对内容的理解是真的还是假的。所以在纠错的时候,我们提倡学生在老师讲完卷子的6~30天再去做,6天之内,学生对老师所讲内容的记忆还是相当多的,这时做出来的题是靠记忆搞定的,并没有真正理解,不是自己独立做出来的。所以一周以后,当记忆处于相对稳定的时候再去做,就能保证真的是用自己的理解来完成这道题。题海无涯,题型有限,每一道题都是不同知识点的重新排列和组合。我们的秘诀是教材和跟教材配套的错题本(按章节区分开),复习时重点复习错题本。

综上所述,学习一定要讲究方法,错题管理就是一个省时省力还能高效克难的好方法。这里需要特别指出的是：第一，要养成每日找出错题、积累错题的习惯。第二，准备专用错题本，将错题分类汇总、找出规律、触类旁通。第三，用符合记忆的方法，间断性反复强化练习，直到产生深刻记忆为止。第四，考前突击，再复习，成为"印刻"记忆。如此一来，再也没有所谓的难题，学习和考试也会变成轻松快乐的事情。

家长篇

如何应对孩子做作业拖拉

不少孩子做作业时磨磨蹭蹭、拖拖拉拉，本来能较早完成的作业，结果很晚才完成；还有的孩子做作业虽然很努力，但时间拖得很长，令家长们头疼不已。

一、做作业拖拉的原因

1. 催出来的拖拉。

有的孩子做作业拖拉是家长催出来的。小学的孩子做作业时，家长在旁边指手画脚，一会说写的字太小了，快点儿改；一会说笔画太轻了，快点儿改；一会说字写偏了，快点儿改；一会又说字迹太潦草了，快点儿改。孩子心里焦虑不安，情绪低落，自然越做越慢。中学的家长往往这样唠叨："抓紧时间做作业，不要玩手机游戏""快点儿写，不要总想着与同学聊天""写不完作业不要从房间出来吃东西"。家长在旁边不停地说，孩子越做越慢，因为他的注意力被干扰了。这就是催出来的拖拉。

2. 熟虑型学习者。

认知风格种类繁多，其中两个是熟虑型、冲突型。所谓熟虑型是指做任何事情之前都会深思熟虑，然后再去做。也就是说，在读一篇课文、学一篇文章、背一课单词时，速度会非常慢。因为这种类型的孩子，是以追求完美为目的的。追求完美，就是要把每一个细节都做到完美。比如做作业时，他觉得字写得不漂亮，就会重新写一遍，如果还不漂亮，就再重新写。相对来说，这种类型的孩子做作业需要的时间就会更多，需要家长有更多的耐心。我们平常说的有一些人性子慢，大概就是这样。但是冲动型不一样，你给他说完，他马上就去做了，但过程中容易出错。这两种类型其实都有各自的好处，熟虑型的好处是错误率低，冲动型的好处是效率高。人的能力达到一定程度的时候，既能熟虑也能冲动，能够随意地切换，这是最理想的一种状态。

3. 无计划学习者。

辅导作业的"四步走"，第一步就是要预估时间，预估时间其实是为了做计划。做事情之前先把计划做好了，然后按照计划去实行就行。一旦有了计划，你做每一步都相当踏实。做作业时容易跑神儿，这是因为没有计划。

4. 缺乏有效方法。

做作业拖拉的原因之一是没有有效的方法。做作业的方法里边很重要的一个就是先做会的，再做不会的，也就是先易后难。先把会的全部做完，最后再把不会的集中起来解决，这是一个直接简单的方法。其实这个方法在考试时也一样好用。

二、做作业拖拉的应对方法

1. 限时鼓励。

限定时间，及时反馈；建立作业量和时间之间的关联。孩子喜欢玩游戏，是因为所有的游戏都有反馈。作业也应如此。例如，跟孩子一起商量做作业的时间，家长说完成语文作业的时间是 30 分钟，孩子说我只要 15 分钟就能完成，家长说给你 25 分钟吧。在孩子自己要求的基础上，给他一个时间上的缓冲，年龄越小的孩子，我们越要这样做。其实年龄大一点儿的孩子，我们也需要这样做。如果在小学的时候把习惯养成了，初中的时候家长就不需要再跟孩子一起来设定时间了，因为孩子自己就会把握。如果习惯没养成，初中的时候，我们还要去给他限定时间。父母作为"定海神针"，就要帮助孩子客观把握时间。如果孩子说这一页需要 25 分钟能写完，我们就给他 25 分钟；如果孩子说这一页需要一个小时才能写完，家长说我给你半个小时。有时候孩子的估计也不准，所以家长要预估时间，既要给孩子限定时间，又要及时给孩子反馈：家长明确告诉他需要 25 分钟，在 5 分钟的时候提醒一次，15 分的时候再提醒一次。明确地告诉他，及时地给予反馈，让他去把握时间和作业量之间的关系。比如说 15 分钟了，时间过了一半多了，你的作业量现在完成一半了没有？这一页有没有完成一半？将近一半还是一半多了？我们这么做是为了让他学会建立作业量和时间之间的关系。

2. 中途安抚。

中途安抚是为了让他能够快速地顺利完成作业，所以家长在辅导作业的过程中千万不要有情绪，尤其是不要有负面情绪，因为孩子的杏仁核很发达，情绪很敏感，需要正向强化，所以你一旦发现孩子有做得好的地方，要马上做出反应。比如哪个字写得很好，哪句话哪个词用得很好，哪句话写得很好，家长一定要及时给出反馈。即使你有时候不讲话，只在旁边看着，给他伸个大拇指，他就会很高兴，尤其是小一点儿的孩子。其实你是在推动他、鼓励他。这种强化对于孩子的意义真的很大。孩子在做作业的过程中，如果遇到了不会的题，一定要学会安抚他，这是给孩子的一个反馈。

对于考试，当孩子一门学科没考好，从考场出来的时候，家长一定要及时地给予孩子安抚鼓励，让孩子清楚一个事实：感觉不好，不一定考得不好。一门课考砸了，后边还有三门课，高考是靠总分取胜的，不是靠某一门学科的成绩。靠总分取胜，其实就是给孩子的一个安抚。

3. 直接要求。

如果我们发现，孩子不断地做各种各样引起你关注的事情，这说明家长平时可能只是关注孩子，而不一定是关心孩子。这时候，家长应该马上向孩子提出要求，让他停止正在做的事情。如果家长任由孩子胡闹，那么你很可能被孩子"带跑"了，他发现有机会可以跟父母聊别的事情，他觉得有机会可以不写作业，于是他就开始跟你讨论别的事。所以家长一定要坚决提出要求，当下这个事情不能再说了，但是要告诉孩子以后找时间单独再跟他聊，这时一定要果断，要真实、直接地提出要求。

青春期孩子"消极对抗"的秘密

最近我在整理咨询记录,越来越多青春期孩子的秘密不断涌现出来。"消极对抗"是青春期孩子明显的变化和特质。而当父母和老师认为是问题的时候,亲子关系、师生关系以及并发的诸多问题都会不断发酵,让青春期成为"问题孩子""问题家长""问题老师"甚至"问题教育"的"卡点"。

一、孩子说与父母说

孩子说:

"我回到家就不想说话,父母敢问我就敢吵……"

"我喜欢把自己关在屋里的感觉……"

"我就想自己做点儿事,不喜欢别人指手画脚……"

"老师敢吵我,我可不管他是不是老师,照样顶他……"

父母说:

"孩子小时候很开朗,现在变得我都快不认识他了……"

"回到家就把自己关在屋里,我们想跟他说话都说不上两句……"

"我们现在都不敢跟他说话,一说话就让我们闭嘴……"

二、理想的父母与过去的孩子

情绪与情感是亲密关系中的一面镜子,在这个镜子里我们可以看到彼此内心的那份真实,而真实的东西在亲密关系中是需要相互尊重与接纳的,但是我们往往却很难接纳。一个重要的原因是孩子在幻想"理想的父母",并用理想的父母的标准去要求父母,认为父母应该理解并尊重他;父母也在用"过去的孩子"的标准去要求孩子,认为孩子应该积极、阳光、听话。这是一对矛盾,这种矛盾使孩子一旦表现出消极,就会遭到父母的批评、指责、讽刺甚至侮辱。同时,父母一旦表现出负面情绪,孩子就会更加消极、更加对抗、更加敌对,直到两败俱伤。

父母与孩子在各自的极端里难以形成统一,一个在过去、一个在将来,却都看不到可以解决问题的当下。

当下才是解决问题的入口，无论是当下父母的情绪还是孩子的情绪，无论是父母的问题还是孩子的问题，都是真实存在的。

记得有一个初三男生，因为转学后不适应而心情不好，回家后把桌子上的闹钟摔了，父母看到后就说他"发什么神经，谁惹你了"，各种指责。最后双方把家里摔成了战后的战场。

咨询中孩子说："初三转学，我觉得他们应该理解我。"父母说："我觉得他就是没事找事，学自己的习，在哪里学不一样？以前小学转学怎么没这样？"

三、罪魁祸首：赌徒多巴胺与神经修剪

青春期的孩子有两个生理变化：一是多巴胺异常活跃与敏感，如赌徒一样的多巴胺使得他们眼里没有未来，只重视当下的事实与自己的感受。多巴胺作为一种神经递质，能够产生追求回报的驱动力，对于他们走向成熟是有益的。所以，当前面的那个孩子在转学遇到挫折后，眼里只有眼前的事情和不舒服的感觉，这就需要释放，而对父母的期待则是他们应该理解自己。二是神经修剪，修剪过程会让他们形成"超理智"思维，变得非常刻板而实际，不看大局，忽略事实发生的背景、环境和相关人。摔东西就是具体的表现。虽然他也知道如此行为的结果，但是他更追求此种行为的潜在好处，所以会表现出放大这种潜在好处的行为。

四、"消极"也是一种"好"

对于青春期的孩子来说，"消极"其实还有另外一面。父母的教育、学校的环境、社会道德的评判等都侧重于正面、正向，而忽略了负面、负向。而人是完整，有负面必有正面，有正向必有负向。积极引导一面的同时，必将压抑人性中的另外一面。

而作为青春期的孩子，他们要形成对世界的一个完整认识与理解，他们充满激情，积极探索，当他们发现自己所做的一切与现实不匹配的时候，就会激发起对于消极的极大好奇与兴趣，于是开始各种尝试与体验，不惜冒险挑战权威，甚至与世界为敌。

当好的与不好的都在孩子身上慢慢融合，人就会开始慢慢成熟并创造价值。

"接纳孩子的错误""把犯错误的机会留给孩子"……意义也尽在这里。

五、"对抗"是力量与智慧的绽放

孩子与父母对抗的实质其实是与自己对抗的一种外在表现。孩子没有能力驾驭自己的内在对抗，所以就要找一个"对手"，那父母就是孩子最好的"陪练"。

陪练是有觉知的，而不是把自己当成真正去参加比赛的运动员。陪练非常清楚自己的位置，如果把自己当成运动员，总想把孩子打败，最后的结果往往是被孩子打败。

对抗中的孩子可以绽放出力量，父母需要带着喜悦与兴奋与之对抗，在对抗中激发孩子更大的力量与智慧，这才是对抗的意义。

六、让生命完整

"消极对抗"是孩子走向成熟的一条路，一条他们这个年龄认为的最好的路，有矛盾、有纠结、有愤怒、有敏感、有多疑、有激情、有力量、有满足……有各种不同的生命体验，这些体验都可以成为孩子昂首挺胸走进社会的资本！

你正在成为你"爱"或者你"恨"的人

"恨"和"爱"是两种最容易、最快速让你成为和他一样的人的途径和方式。无论你接受不接受，它就在那里，让你充满力量、倾尽一切去追随，直到达成"目标"。

"我恨我的爸爸，他好像从来没有表扬过我，对我和妈妈总是各种挑剔。这次我考上理想的高中，他非但没有表扬，还说我考得不好……各种指责、讽刺和挖苦……我妈虽然嘴上说理解我，但是我仍然能感觉到她也是不满意，还是很重视我的分数……"

这是一个高中女生对自己父母的描述，但是事实却是她在中招考试前因为受不了别人比自己强而充满压力与恐惧，甚至出现生理反应，导致不能好好准备中考，进入不了备考状态、达不到备考效果，还担心自己考不上。此次月考又因为害怕另一个同学下次超过自己而在内心充满"敌意"，也同样出现中考前一样的恐惧感，担心"又回到原来的老路上去"，因而又一次前来求助。

"爱"与"恨"的交织，形成了一对相互作用的力量，当她发现恨而不能又爱而无能的时候就会产生焦虑反应，当焦虑无法释放的时候，又将这种焦虑指向外界，他人就成了自己焦虑反应的受害者，当发现外界没有反应或者无法改变的时候，又会陷入更大的焦虑反应。此谓"焦虑递进反应"。

一、父母不接纳我，我就不接纳任何人

在幼儿与童年阶段，孩子并没有与周围分开，他会本能地将生命中的重要他人看作是自己，所以他会在观察与体验中用你对待他的方式寻找日后对待自己的方式。如果你每次用吵的方式对待他，让他觉得不安全，他就会在日后寻找"吵"和"被吵"的感觉，用不安全的方式对待自己，让自己在不安全里生存。他会产生一种我们看似扭曲的心理机制，但这就是生命的真实。

相反，当一个重要他人在生命的早期用爱的方式，即接纳的方式对待他的时候，他就会在日后寻找"爱"与"被爱"的感觉，用接纳的方式对待自己，

让自己在安全里生存。他会产生一种我们看似更正常的心理机制，建立另一种生命的真实。

我并非否定不接纳，因为我们看到童年生活在不接纳的环境中的孩子和生活在接纳的环境中的孩子一样充满力量，一样会获得成功。区别只是他们作为孩子这个个体的内心体验不一样，各自用不同的状态在生活。

前面提到的高中生最初也是用父母早期对待自己的方式来对待周围的人：挑剔，不允许别人超过自己等，但是随着年龄的增长她逐渐地觉得周围的人和事并不是父母在自己面前所表现的那样，于是就会开始各种纠结："为什么父母那样就可以，而我却不可以？"她只是感受到了这种体验带来的不舒服，事实上并不清楚自己在用和父母一样的方式对待他人。

二、我"恨"父母，我可能也会"恨"所有人

"恨"的感觉是需要累积的，它是在经历了诸多的时间与事件、心理冲突后内心产生的一种极为强烈的情感表达方式。

这个女生关于"恨"的结论也同样是从小至今所有记忆与冲突累积而成的。她不能理解父母之间的关系，只记得"他们经常吵架，后经证实是父母喜欢抬杠，经常会因为一件很小的事情争执，她可能把这种争执当成了吵架。是的，我不否认吵架也是一种沟通方式，但是问题是孩子当真了。这给父母的启示是：其实孩子很简单；我们也许需要当面吵完当面和。一旦父母的争执以没有结果而结束，那孩子就会自然而然地认为父母眼里没有自己，他们是不爱自己的。

而且更重要的是在孩子的意识里，父母"吵"了十几年，而用妈妈的话说是"争执"了十几年，我想父母是否可以借此机会反观自己和彼此。

当孩子用了大量的时间去观察和体验父母，经历父母对自己的不满，却又没有关注到自己的心理时，就会开始变得孤独、愤怒、焦虑，最后通过"恨"来缓解也就理所当然了。通过挑剔他人、控制他人来释放自己的各种负面情绪也是水到渠成，毕竟让更多人痛苦是可以减轻自己的痛苦的。

我"恨"父母，我可能也会"恨"所有人。同理，我"爱"父母，我可能也会因此"爱"所有人。这似乎是一种心理上的遗传，也是心理上的投射。

当我们走出恨，也许会发现爱；当我们走出爱，也许就更会爱。

三、跳出父母，才能看到自己

父母的经历建构了他们的大脑结构，结构决定了大脑的功能，功能创造了他们的生活。他们又用这种生活建构着我们的大脑结构。这好像是一个死循环，不能逾越，而事实上上帝给每个生命都开了一扇窗，让我们可以通过自己的体验改变这个表面的死循环。

难度在于"只在此山中"，所以我们总是"云深不知处"。

当这个女生看到自己父母的"模式"时，也看到了自己的"模式"，表现出异常的轻松与超然的解脱。我还没有说话，她就迫不及待地说："我知道我该做什么了。"

所以，我们看清父母其实也就看清了自己，就能跳出父母的循环，创造自己想要的不一样的更高层级的循环。

四、看到自己，才能正视现实

"日短于自见，智短于自知"，就如同大家公认的心理学产生的源头——"人，认识你自己"一样，我们在看到自己的那一刻"顿悟"了。顿悟后的人，眼前所有的现实就变得只是现实，现实只能面对，面对即是最好的解决。

心理咨询师其实也只是在帮助他人看到自己、看清自己而已。可能我们每个人在自己那里都过于渺小。

这个女生过来咨询，这是进一步的计划，从情结、情绪、沟通、学业规划等方面来说，我相信这个过程会从此刻开始变得漫长而快乐。

五、正视现实，你才能拥有一切可能

孩子从生下来那一刻，就开始不断地修炼"活在当下"的能力，但是随着年龄的增长、神经系统的不断扩张与紧缩，我们会越来越"不接地气"，各种各样的问题都伴随着"不接地气"而出现。

但是，人的伟大不在于多么现实或者多么理想，多么接地气与多么不接地气，关键是可以穿梭于理想与现实，既可以"飞龙在天"，又可以"脚踏实地"。

我相信这个女生可以在自己的现实里，创造并拥有一切可能。

了解孩子的学习基因

你了解孩子的学习吗？为什么优秀的总是别人家的孩子，不是自己家的孩子？了解孩子的学习基因，探明孩子学习的规律，助力孩子高效学习，你也可以！

一、学习基因之认知风格

有的孩子读一本书后，记住了书中的情节，有的孩子却只记住了其中的一些细节……有的孩子遇到难题的时候反应速度很快，有的孩子却反应很慢……有的孩子可能会同时做几件事、学几门课、思考几个问题，有的孩子同一时间却只能专注地做一件事，完成一件事后才能做另外一件事……有的孩子能独立思考与活动，有的孩子却需要一种环境或氛围……

以上描述的种种，相信我们都会有些感触，但却很少在意或认真对待。这在学习心理学中被称为认知风格。

接下来的文字会比较学术化，但是我相信大家有足够的兴趣可以让自己看下去。

认知风格 (cognitive style)，也称认知方式，是指个体在认知过程中所表现出来的习惯化的行为模式。

认知风格与智力无关或不显著相关，大多是自幼养成的知觉、记忆、问题解决的态度和表达方式。

认知风格既包括个体知觉、记忆、思维等认知过程方面的差异，又包括个体态度、动机等人格形成和认知能力与认知功能方面的差异。

今天，我们在这里只关注个体认知风格中最重要的几个。

第一种认知风格是场独立型与场依存型。

所谓场，就是环境，心理学家把外界环境描述为一个场。美国心理学家赫尔曼·威特金认为有些人知觉时较多地受他所看到的环境信息的影响，有些人则较多地受身体内部线索的影响。场独立型即把个体较多依赖自己内部的参照，不易受外来因素影响和干扰，独立对事物做出判断；场依存型即个体较多地依赖自己所处的周围环境的外在参照，以环境的刺激交往中定义知识、信息。

这是认知风格中我们常见的一种状态，也是一部分孩子自身的风格特点。我们有时会不理解孩子为什么在家就是坐不住，必须要跟别人一起学才行。了解之后，大家是否会更耐心地陪孩子呢？

第二种认知风格是分析型与整体型。

如果你的孩子有以下特征，那么他明显属于分析型。

做一件事情，喜欢提前做准备，并将事情安排得很有条理、很有逻辑。在确定目标之后，总是做完一件事情，再进行下一项。更喜欢尊重事实，很少掺杂个人感情。

如果你的孩子有以下表现，那么他有可能就是整体型。

首先他是和平式的合作者，一般情况下，他不会与人发生冲突，也会很好地避开个人竞争，在讨论中或者合作中努力学习。他能够随机应变，跟着大的趋势走，但可能会漏掉一些具体的步骤和细节。在特定情况下，为了让人感到满意，会忘我地工作。很容易被批评的意见激怒，应该说，他很敏感。

这两种认知风格会影响一个孩子对信息的接收与吸收，尤其是教育。教育具有较强的分析型特征，分析型的孩子无疑是更加适应，那么对于整体型的孩子来说可能就是一种打击。

当你在说做一件事情需要哪些步骤的时候，分析型的孩子会仔细地倾听，确保听清每一个步骤。而对于整体型的孩子来说，听到做什么事情对他们来说更为重要，步骤，则是他们可能会忽略的东西。

面对两种不同的孩子，聪明的父母会先讲出这件事情的目的，然后分析步骤，最后指出从哪里入手。

第三种认知风格是冲动型与熟虑型。

冲动型的特点是反应快，但精确性低。冲动型的孩子面对问题时总是急于求成，不能全面细致地分析各种可能性，不管正确与否就急于表达出来，甚至有时还没弄清要求，就开始对问题进行解答。他们的信息加工策略使用的多是整体加工方式，在完成需要做整体型解释的学习任务时，学习成绩会更好些。冲动型孩子会出现阅读困难，因为阅读、推理需要细心分辨，粗心大意的孩子会处于不利的地位。

熟虑型的特点是反应慢，但精确性高。这种孩子总是把问题考虑周全以后再做反应，他们看重的是质量，而不是速度。他们在回答熟悉的或比较简单的问题时，反应也是比较慢的。在回答比较复杂的问题时，熟虑的特点表现得更为明显。熟虑型孩子的信息加工策略多采用细节性加工方式，所以他们在完成需要对细节做分析的学习任务时，学习成绩会更好些。此外，熟虑型孩子的阅读能力、记忆能力、推理能力、创造能力等都比较好。

以上是与孩子的学业息息相关的几个认知风格，了解了这些能让我们更加客观地知晓孩子的学习状态，给孩子更加有针对性的指导，而非主观的一厢情愿。

二、学习基因之学习类型

每一个孩子都有属于自己的学习类型，但是我们似乎更关注我们能给孩子什么，却极少关注孩子是什么，那么我们今天就对孩子的学习类型做一个探讨。

从学习者学习时所使用的主要感觉器官来看，学习类型可分为视觉型、听觉型、动觉型和混合型。

有的孩子擅长利用文字、表格、图片等学习材料进行学习，有的孩子对声音很敏感，喜欢边听音乐边学习，有的孩子则更擅长借助肢体动作来学习。很多时候，我们并不了解他们属于哪种学习类型，所以就容易用我们自认为正确的方式要求一个听觉型的孩子必须要画画，要求视觉型的孩子每天早上要有声读书等。那么不同的学习类型的孩子是什么样子的呢？

首先，视觉型的孩子。

这类孩子的观察力敏锐。在小的时候，他们就能经常发现其他孩子或大人没有注意到的东西，能区分颜色，喜欢玩拼图游戏，长时间画画也不觉得厌烦。他们在哭闹时，一看见父母的脸或心爱的玩具，就会很快平静下来。

这类孩子不大喜欢用语言来表达自己，但有着极强的想象力和视觉注意力。他们会很快把自己的玩具和书本整理好，并且能把看到的东西画出来。这类孩子的动手能力很强，喜欢拆拼或者组装玩具。

您可以——

和他一起制订一份有规律的活动计划，并且把不同时间需要做的事情用不同的颜色标注出来，比如吃饭时间用红色，写作业时间用黄色，游戏时间用绿色，使他能清楚地获得提示，合理地安排自己的生活；给孩子提供一个安静的学习环境和一张整洁的书桌，让孩子能够集中注意力；在孩子记忆某些概念或者知识要点时，可以让他闭上眼睛，想象用图画或者实物形象来与之产生关联，以提高记忆效率；当孩子阅读时，可以让他边读边做笔记，因为做笔记是视觉型孩子的强项；还可以用卡片来帮助孩子学习，根据不同的科目或者不同的学习目的制作不同的卡片，随时可以查阅；用提纲或图表帮助孩子预习或者复习，提高孩子对所学知识的理解，因为视觉型孩子有较强的构图能力，而且这种方法能促进孩子左右脑的协调运用；可以使用计算机演示或者操作实验来帮助孩子更好地理解知识。

其次，听觉型的孩子。

这类孩子的口语表达能力极强。他们从小喜欢听或讲故事，容易记住听课内容；对父母的口头指示反应迅速，不用一遍遍地重复；喜欢音乐、戏剧及有表现力的活动。如果要求他们用语言把作业报告出来，将是他们觉得最快乐的学习方式。然而听觉型的孩子往往会因为听觉过于敏感而容易分散注意力，或者上课时喜欢讲话而受到老师的批评和责备。

您可以——

用含有节奏和韵律的儿歌或者诗词帮助他们更快地记忆；大声朗读，这有助于听觉型孩子更好地理解概念相关的内容；组成学习小组，让他们通过交谈、讨论、朗读等方式更好地学习；提供一个相对安静的学习场所，来帮助孩子集中注意力；让孩子把思考过程用语言报告出来，这有助于他们理清思路，自动纠正错误理解；让孩子把学习中碰到的问题用录音机录下来，并在每个问题后面留出一段时间,然后边重放边让自己回答,这种方式可以充分地利用听觉型孩子喜欢听、愿意说的特点,进行有效的学习;多用鼓励性的语言激励孩子的学习热情,因为听觉型孩子对于语言的感受性是非常强烈的,对他说过的话很容易变成他内心的自我激励或者压力。

再次,动觉型的孩子。

这类孩子好动,总是喜欢把自己的身体融入学习活动中。对他们来说,"做"永远比"听""看"来得更快、更容易。他们往往在运动协调性上表现优异,喜欢节奏感强、技巧性高的活动,并且很快就能把某项技巧学得有模有样。他们擅长把具体的事物当作学习工具,通过接触和实验来掌握或理解所学的知识。通常,这类孩子有很强烈的好奇心,富有创造性,喜欢联想,总是跳跃性地思考很多问题。然而正是由于他们充沛的精力、强烈的好奇心,也使他们很容易被扣上"多动"的帽子。

您可以——

理解孩子不是天生的"破坏者",许多行为只是他们想要积极学习的表现而已。多用实物来帮助孩子记忆所学知识,让孩子体验"玩中学、做中学"的无限乐趣;准备一大块黑板,让孩子在上面写、画,以便帮助他把所接收的信息以动作的形式存储起来;让孩子当老师,给全家人上课,有研究表明,当一个人把信息传达给别人时,他自己可以保存90%以上的内容;让孩子在活动过程中进行学习,比如一边收拾玩具一边练习数学计算,一边整理衣服一边学习概念等;让孩子在阅读过程中停下来并提问"猜猜下面会发生什么事?",以此来发挥孩子想象力丰富的特点,发展他们的思维能力;对孩子多使用手势语言,有研究证明,手势语言有助于孩子关注和理解你所说的内容;对孩子的鼓励不要只停留在眼神和语言上,最好给他一个拥抱,因为运动型孩子往往更喜欢感受大人的抚摸。

最后,混合型的孩子。

混合型的孩子有更强的灵活性,他们会根据不同的学习任务随时调整自己的学习方式,这就需要教育者有更强的观察和读懂孩子的能力,及时对孩子进行引导和教育。

三、学习基因之学习伙伴

在咨询中我们也经常听到一些家长说，孩子一放学就跑到同学家去，让他自己在家写作业跟打他一样痛苦。还有的家长会说，孩子就喜欢一个人自己学，也不去跟同学讨论，总想让他跟别人的孩子一样，能开朗一些，但是好像很难……

我们称这种现象为"学习伙伴"。

所谓"学习伙伴"就是孩子在学习过程中与他人的互动状态，分为"单独学习""同伴学习""小组学习"和"班级学习"四个表现状态。

"单独学习"的孩子一般具有较强的独立性，优势是有较强的自控力，在学习时善于独立思考，独立解决问题和完成任务，遇到问题也较多地从自己的角度进行归因。成长点是要更加善于发现和利用周边资源。

"同伴学习"的孩子一方面具有独立的一面，同时还有相对开放的一面，他们的优势是善于从自己以及与自己同频的伙伴那里获得认同与鼓励，同时也善于认同与鼓励他人，形成处理问题的同盟。成长点在于把握关系的度。

"小组学习"的孩子具有较强的开放性，优势是拥有更大的影响他人和被他人影响的能力，能够让自己融入群体并有效互动，他们对归属感有强烈的需求。成长点是明确正向的方向和发表自己的看法、形成自己的判断。

"班级学习"是我们最推崇的学习方式，但也是最容易忽略个性的方式。喜欢班级学习的孩子除了在人际交往中表现出的活力与专注外，可能也会容易受到周围环境的影响，包括正面影响和负面影响。他们大多是"人来疯"，我们看到过很多具有表演天赋的孩子，确实在人多时会较容易被激发更大的学习潜能、创新潜能。

每一个孩子都有自己的特点，有时可能是两种或以上的情况同时存在。我们应该用心读懂孩子的特点并进行针对性的鼓励和引导。无论孩子属于哪种类型，最关键的是孩子能够保持自然、放松与专注的学习状态，并且可以高效完成学习任务，体验内在与外在的双重满足。

附：测测你的学习类型

答题要求：

1. 每道题都有三个选项：（A）经常、（B）有时、（C）从不。请根据自己的第一感觉真实作答，如果不能确定，请选择比较接近的答案。

2. 如果没有遇到过某种情况，请按照假设的情况回答。

题目：

1. 你喜欢乱涂乱画，笔记本里常有许多图画或者箭头之类的内容。

2. 你的字写得不整洁，作业本上常常有涂黑圈的字或者橡皮擦过的痕迹。

3. 对刚买来的电器或其他新产品，你不喜欢看说明书，喜欢马上动手试着去用。

4. 你把事物写下来能够记得更清楚。

5. 你只要听见了就能记住，无须看见或者通过阅读。

6. 当别人给你演示如何去做某事时，你的学习收获最大，而且你也会找机会试着自己动手去做。

7. 如果有人告诉你如何到一个新地方去，你不写下行走线路图就会迷路或者迟到。

8. 写字很累，你用钢笔或者铅笔写字的时候用力很重。

9. 你喜欢以尝试的方式解决问题，不喜欢以按部就班的方式解决问题。

10. 当你想记住某人的电话号码或者诸如此类的事情时，你得在脑子里"过"一遍才行。

11. 即使医生认为你的视力很好，你的眼睛也很容易疲劳。

12. 你在按照指示或说明去做事情之前，喜欢先看一看别人是怎么做的。

13. 你答题的时候，脑子里往往能"看到"答案在书中的第几页。

14. 你阅读的时候，容易把相似的词弄混，如鸟与乌、请与清、them与then等。

15. 你发现自己在学习的时候常常中断下来去做别的事。

16. 你在课堂上听讲的时候，喜欢聚精会神地注视着主讲人。

17. 你难以看懂别人的笔记。

18. 你不善于口头或书面表达。

19. 当有人在谈话或者有音乐声时，你很难集中注意力听明白某个人在说什么。

20. 如果让你选择是通过听讲座还是看书的方式获得新信息，你会选择听讲座。

21. 在陌生的环境中你也比别人不容易迷路。

22. 如果有人给你讲个笑话，你很难马上明白过来。

23. 你对听来的故事比书上看到的故事印象更深。

24. 当你想不起一个具体的词时，你会用手比画着帮助回忆。

25. 如果有一个安静的地方，你会把事情干得更好。

26. 一首新歌你只要多听几遍就会唱了。

27. 体育课中，你不喜欢听老师讲动作要领，而是喜欢自己先模仿。

28. 你只要观察过别人做活，无须看书就能学会。

29. 看过的电影、电视剧，你对里面的音乐、音响效果比画面印象更深。

30. 别人告诉你一个电话号码，你自己不说一遍或者写一遍，一般很难记住，哪怕别人说很多遍或者写下来给你看。

31. 你读书的时候喜欢用手指或者笔指着所读之处。

32. 如果没有电视看，听广播也能让你很快乐。

33. 你比较喜欢手舞足蹈地跟别人说话。

34. 字迹小、书上有污点、纸张质量差或者装订不好的书、试卷影响你的阅读情绪。

35. 你不喜欢非常安静的环境。

36. 你对记过笔记的上课内容，即使没有回头看笔记，也要比没有记过笔记的上课内容更容易记住。

评分标准：

选（A）得2分、选（B）得1分、选（C）得0分。

你的得分：_____

扫描二维码可以查看评分标准。

第五章

知识迁移

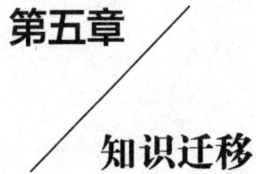

知识迁移：

学习的意义有"无用之学"和"有用之学"，而知识迁移的意义在于让知识走进内心成为修养，走进现实成为创造。

研读重点：

学生篇——内化与外逞，用学习实现真正成长。

教师篇——沉淀与提升，用内涵推动学业突破。

家长篇——引导与鼓励，用生命影响生命蜕变。

学生篇

知识迁移综述

知识迁移是一种学习对另一种学习的影响,即已有知识与新知识的联系、已有技能与新技能的联系、知识与能力之间的联系、认知与现实之间的联系。迁移现象在学习中是普遍存在的,迁移贯穿人一生各种形式的学习,对我们个人的生存和发展都是十分重要的。

一、知识迁移的种类

知识迁移可以从不同的角度进行分类。

1. 正迁移、负迁移和零迁移。

这是依据迁移效果来分的。正迁移是指一种经验的获得对另一种学习有促进作用和积极影响。例如,学习方程式的相关知识有利于不等式的学习;对平面几何的掌握有助于立体几何的学习;对阅读技能的掌握可以促进写作技能的形成和发展。在教育工作中所说的"为迁移而教",就是指正迁移在教学中的应用。

负迁移是指一种经验的获得对另一种学习有阻碍作用和消极影响。例如,学习汉语拼音之后学习英语的48个音标的发音最初常常受到干扰;汉字学习中一字多音、多义的情况经常混淆,不能区分一字多音、多义的读法和用法;学会自行车对学骑三轮车有干扰等。

零迁移是指先前的学习对当前的学习或问题解决没有影响。例如,学习五四运动的历史对学习解一元二次方程没有什么影响。

2. 顺向迁移与逆向迁移。

这是依据迁移方向来分的。顺向迁移是指先前的学习对后续的学习有影响,逆向迁移是指后续的学习对先前的学习有影响。

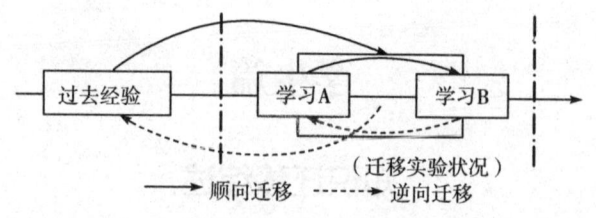

图 5-1 顺向迁移与逆向迁移

如图，过去经验对学习 A 和 B 的影响属于顺向迁移，学习 A 对学习 B 的影响也是顺向迁移；反之，学习新知识 A 和 B 对过去经验的影响属于逆向迁移，学习 B 对学习 A 的影响也是逆向迁移。

二、知识迁移的策略

1. 确认已有知识。

2. 学习新的知识。

3. 主动形成能力。

4. 结果导向行为。

5. 归总修养呈现。

学习心理操——打造我的"学习景观带"

所属模块

知识－迁移模块

课程设计理念

学习心理操是将学习过程与心理学进行融合，目的是让学生在自然、放松与专注的状态下将学习过程自然吸收、整合、内化成为自己学习行为的一部分。已经有不少运动员教练将该方法应用于运动员的训练，并且取得了相当不错的成绩。该课程就是利用了相同原理进行设计，让学生发自内心掌握学习的基础方法，并由内而外地应用。

课程准备

音乐《香草花随风》、视频《学习中的大脑》。

课程过程

一、课程导入：

（一）比较在大自然与城市中的不同体验。

（二）在脑海中体验海边漫步的感觉，体验放松与专注。

（三）重温学习过程。

二、课程内容：

（一）讲述学习心理操的要求和规则。

（二）播放音乐《香草花随风》并体验放松心境。

（三）老师帮助学生重塑和体验学习过程中的每一个细节，引导学生留意自己的感受。

（四）回到现实，与小组学员一起分享重塑体验。

（五）集中分享。

三、结束语：让学习由内而外、轻而易举地发生。

考试心理操——打造我的"考试领奖台"

所属模块

知识 – 迁移模块

课程设计理念

考试是学习的最终呈现方式，它不仅是关于知识实力的挑战，也是关于心理素质的挑战。该课程就是将学生的知识实力与心理素质进行整合，让学生在没有考试时就已经具备"考得好"的能力，提前找到"考得好"的状态，并用"考得好"的状态去准备和参加考试。当其他人第一次参加考试，我们已经是第 N 次参加考试了。这是一个神奇的体验，让学生体验身心脑的整合过程，体验成就满足。

课程准备

音乐《香草花随风》。

课程过程

一、课程导入：

（一）设计"考得好"的情境与结果。

（二）体验"考得好"的感觉与状态。

（三）分享刘翔的故事。

二、课程流程：

（一）讲述考试心理操的要求和规则。

（二）想象"考好以后""考上以后"的情景。

（三）播放音乐《香草花随风》并体验放松心境。

（四）带领学生在放松状态下体验"考得好"的状态。

（五）带领学生将考试技巧与考试过程整合起来，共同体验考试过程。

三、课程分享：

（一）小组分享。

（二）集体分享。

四、结束语：用"考得好"的状态去考试，用"考得上"的方法去准备。

学习地图——化零为整的学习策略

所属模块

知识–黏合模块

课程设计理念

　　思维导图是一种非常有效的学习和思维工具，在世界各国的各个领域，包括政治、经济、管理、教育等方面，都有广泛应用。国内有很多老师将思维导图应用在教学中，取得了显著的成绩。思维导图不仅是一种高效的学习方法，还是一种具有创造性的思维方式——思维导图是把脑海中的知识，以清晰的脉络呈现出来，是水平思考和垂直思考的同时运用，它突破了思维的局限，增加了思考的广度与深度，能把所有的联想在一张纸上直观地呈现且无限延伸。如果学生能够掌握这种方法，不仅可以取得满意的学习成绩，还可以提升创造能力。这是其他学习方法所无法比拟的。另外，思维导图还可以应用到日常生活中，以思维导图的方式梳理生活，可以节约时间，提高生活品质。

课程目标

一、帮学生梳理知识点，找出相关联系，建立思维导图的主干。

二、建立与主题相关的有层级关系的思维导图。

三、教学生学会绘制思维导图。

四、教学生学会用思维导图背诵、解题、写作文和梳理生活诸事。

五、教学生学会用思维导图的思考方式应对学习、生活，学以致用。

课程准备

彩笔（最少3种以上）、纸。

课程过程

一、思维导图的心理学原理（大脑是如何思考的）：我们的大脑在思考问题的时候，总是先从一个或者几个点出发，展开联想，想到很多相关的点，再把这些点连接起来，组成一幅完整的图画，从而构成了一个完整的思考过程。这个过程也可以用一张图来表示。

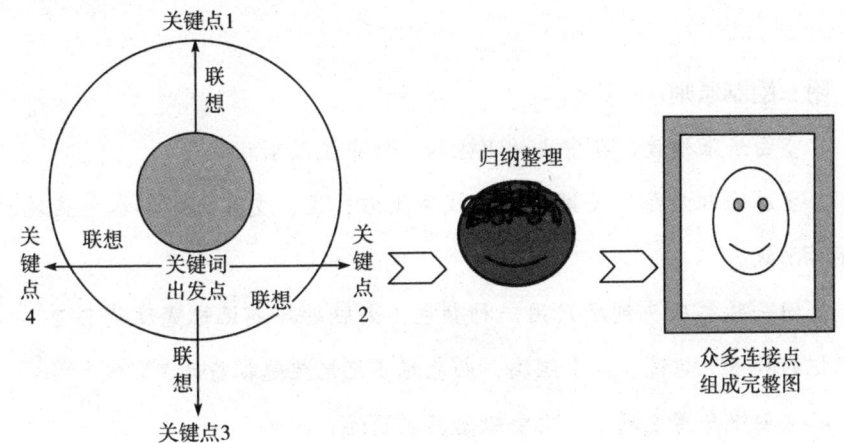

图 5-2 大脑思考过程

二、思维导图的原理：

（一）我们大脑的生理结构，决定了我们在学习和思考的时候应该遵循"中心—四周"模式。

（二）自然界和人类社会的基本结构都符合"中心—四周"模式。

（三）无论是文科还是理科，基本的学习模式和解题思路是一样的。

（四）学习恒等式：正确的应考模式 = 正确的学习模式 = 各科目的基本结构 = 自然界的基本结构 = 人类社会的基本结构 = "中心—四周"模式。

（五）思维导图是将"中心—四周"模式运用到学习和思考中的高效的思维工具。

三、思维导图的绘制：

（一）准备工具：3+1（3 种彩笔 +1 张白纸）。

（二）思维导图的图像化模式建构。

1. 建立从中心放射延伸的主题。

2. 找出让联想可广泛化的关键词。

3. 将关键词阶层化。

4. 不要只往单一方向发展，不用管它是否合逻辑。

5. 活用思维导图，进行头脑风暴，产生更多新创意。

（三）绘制原则：13个原则。

附：绘制原则

1. 空白纸张横放，在中央放上主题，线条呈放射状。

2. 主脉由粗到细，关键词写在线条上方；主、支脉文字都水平呈现，先写字再画线。

3. 同一脉络从头到尾只用一种颜色（大脑的短期记忆宽度是7+2，一次能记忆的数量不超过5~9个组块，颜色越多记忆就越容易乱）。

4. 主要概念离主题近，次要概念离主题远。

5. 一个线段上只能放一个关键词或者关键图（关键词间的前后关系是"因果关系"或者是"顺序关系"）。

6. 线条用来呈现关键词间的逻辑关系。

7. 如果无法浓缩成关键词就放上关键句（即"缩句"）。

8. 放射状的排列较易刺激水平思考。

9. 多彩颜色可以提升60%的记忆效果。

10. 初学者可以先用条列式排列。

11. 不要把关键词圈起来（版面越简洁越好）。

12. 同一主脉上线条要连续，不能中断（眼脑有直映效果，看见什么就联想到什么）。

13. 主脉、次脉都要简洁不杂乱。

整合式学习——适己性学习策略

所属模块

知识－迁移模块

课程设计理念

《老子》说："知人者明，自知者智。"人，只有在充分了解自己的基础上才可能有所创造，变得有智慧。用在学习上，也是这个道理。对自己的认知类型、学习风格和适合的学习方法都不甚明了的学生，想要学习好是很难的。只有明了自己的长处和个性化优势，才能做到有的放矢，学习起来如虎添翼，事半功倍。从心理学角度帮助学生认识自己，找出他们个性化的认知风格、学习类型、学习方法，让学生更懂得利用自己的优势，发挥自己的特长，找出相对更便捷的学习通路，让学习逐步变得轻松起来。

课程目标

一、帮助学生认识自己的认知类型、学习类型、考试类型。

二、帮助学生找到适合的学习方式和方法分析。

三、教学生学会应用费曼学习法。

课程准备

学习类型测试表。

课程过程

一、课程导入：学习类型的趣味测试。

二、学习类型问卷测试。

三、不同学习类型学生的学习方法分析。

四、锁定自己的学习类型与学习方法。

五、认识模式学习。

六、作业：将课堂上所学的学习方法应用到实际中。

七、结束语：有教无类。

课本照进现实——让学习穿越身体

所属模块

知识－黏合模块

课程设计理念

看到圆明园遗址，我们能够了解屈辱的近代史，从而明白少年当自强的道理，去努力奋斗。相信通过学习－动力、学感－状态、策略－工具、知识－黏合4个模块的学习，学生的教育整合能力得到了很好的锻炼。本课程意在提升学生通过现象看到本质从而做出规划、付诸行动的整合能力，帮助学生更好地发展。

课程目标

一、检查学生的教育整合能力。

二、通过对假期生活的规划和实践，提升学生的自主教育整合能力。

课程准备

白纸、笔。

课程过程

一、课程导入：学习力项目实施以来，你的进步在哪里？哪些地方的提升让你觉得对自己来说是最大的进步。

二、教师引导：假期将近，你的假期生活是怎么安排的？发放纸笔，请学生写下详细可行的假期规划。

三、作业：请学生将自己的假期规划付诸行动，并在开学后检查假期规划的执行情况。

四、结束语：读万卷书不如行万里路。

教师篇

如何对学生进行学业规划

赫尔曼·黑塞曾经说过,大多数人都像一片片落叶,在空中飘浮、翻滚、颤抖,最终无奈地委顿于地。但是有少数人恰如沿着既定轨道运动的星辰,无常的命运之风吹不到他们,他们的内心有着既定的路程。

对于学生来讲,什么是他们在上学阶段的人生轨迹呢?那就是学业规划。先看下面这个图:

欧美人才养成

学前	小学	初中	高中	大学
生活管理	环境探索	梦想寻找	生涯抉择	事务能力培养

国内人才养成

学前	小学	初中	高中	大学
读书考试	读书考试	读书考试	读书考试	读书考试 生活管理 环境探索 梦想寻找 生涯抉择

图 5-3　欧美与国内人才养成过程

从上图可知,欧美国家人才培养的历程是:学前侧重培养学生的生活管理能力,小学侧重培养环境探索能力,初中侧重培养梦想寻找能力,高中侧重培养生涯抉择能力,大学侧重培养事务能力。在每一个学段都有一个侧重点,在每一个学段都会着重培养一种能力,这样,学生就能清楚自己的努力方向,也会减轻到了大学再去应对学业规划的压力。

国内人才培养的历程是:从学前开始,到小学、初中、高中,都只侧重培养学生读书考试的能力。到了大学,读书考试、生活管理、环境探索、梦想寻找、生涯抉择全部一股脑儿压过来,所以大学生就"疯"了。他们变得漫无目的,手足无措,退行到本能的状态,要么应战,要么逃跑。所以有人说,现在的大学变成"养老院"了。为什么会有这种退行的状态?因为他们没有关注过自我,不知道自己想要什么、想要成为什么样的人,也不明了自己的理想在哪里，或者即使明了自己的理想，也不知道自己在当下该做些什么，要做怎样的准备，以对接或过渡到自己的理想目标。没有系统有效的学业规划，也没有意识去培养能够支撑自己实现理想的能力，面对不清楚但又不得不面对的未来，当然就恐惧了、迷茫了、无措了。

给大家分享一个案例，我有一个学生年后就要去澳大利亚留学了，申请的这个学校有一项考核，就是要他必须做一些社会实践，具体说就是要有一个职业体验。为了完成这个考核，他当时就在某所大学（他妈妈所在的学校）投资做了一个快递投送站，自己做快递员，每天要送好多个快递，每送一份快递的收入大概是五毛钱或者一块钱。每天要跑好多趟，非常辛苦！后来给我反馈时说，他每天都会对配送情况做个记录，并且把记录随身带着。他发现定快递最多的宿舍楼里，麻将桌和电脑通常也是最多的，他们都不是在学习，而是在打麻将或者玩电脑，而且没日没夜，很多人一个月甚至都不下一趟楼，所以他的生意异常火爆。但是，他很感慨地说："我觉得这些大学生都是在大学里养老，对未来根本没有什么打算。我很感谢这个社会实践，如果不是亲身体验，内心很难形成这样强烈的震撼。"我很赞同他的看法。

这样的现象发生在高等学府里，引发我们深思：大学生竟然是这样的，我们的教育怎么了？我们到底疏漏了什么？

教师给学生灌输生涯意识之后，就要帮学生做一个合理的、系统的学业规划。具体怎么做呢？

接下来我们看一下高考生对所选专业和学校的了解程度，以及大学生对所选专业的满意程度是什么样的。

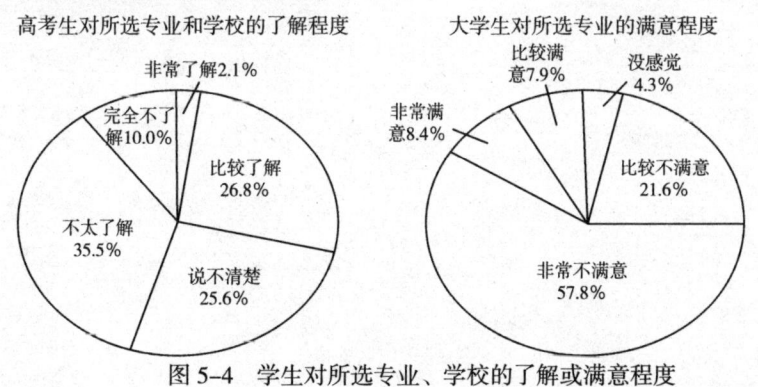

图 5-4　学生对所选专业、学校的了解或满意程度

先看一下高考生对所选专业和学校的了解程度：比较了解的占 26.8%；说不清楚的占 25.6%；不太了解的占 35.5%；完全不了解的占 10%；非常了解的只占 2.1%。再看一下大学生对所选专业的满意程度：非常不满意的占 57.8；非常满意的占 8.4%；比较满意的占 7.9%；没感觉的占 4.3%。所占比例相当恐怖。

职业生涯规划的五个步骤：第一，知道我是谁，即"自我确认"。现在有好多关于生涯规划方面的测试，比较常用的是霍兰德职业倾向测试。如果家里有高中生或大学生，可以让他们做一下这个测试，来看一下自己倾向于什么职业，是实用型、研究型还是其他类型。每个职业类型后面都有相关的专业和工作，通个这个测试来了解自己是挺好的一种方式。第二，知道我想做什么。第三，知道我能做什么。第四，环境支持或允许我做什么。第五，我的职业和生活规划是什么。这个问题是可以在家庭教育中去完成的。家长协助孩子进行学业规划，给孩子指点迷津，使孩子在每个阶段都清楚自己的奋斗目标，并且可以按图索骥，在通往理想的道路上畅通无阻，这对孩子一生的发展都是非常重要的。

如何帮学生建立自己的"知识回路"

"我以前的假期都是被父母安排学习，有一次寒假，老师说假期每天至少要有 7 个小时的学习时间，我当时真的这样做了，不知道自己是如何做到的，但是假期过后，我心里觉得和没有放假一样，觉得很委屈（对不起自己），所以开学后的状态一直不好，一个学期都找不到感觉……"

以前也碰到不少学生因为假期过度学习导致出现学期与假期错位现象。这种现象在不少学生身上悄然发生，只是我们没有察觉，仍然一味地要求学生在假期"查漏补缺"。

那么假期究竟该如何学习才能避免因过度学习导致的学期与假期错位现象呢？

其实经过一个学期的过度学习，每一个学生都有一个假期期待——理想的假期，只是有的学生很明确，有的学生很模糊，但是都会有。如果这个期待得到了满足，那么这个假期将会是充满意义的；如果没有，那么就会留下遗憾，这种遗憾会转化成一种"未完成的心愿"，开学后就会为了完成这个"未完成的心愿"而努力。其实很多学生的"未完成的心愿"是实现不了的。这有点儿像我们童年有很多"未完成的心愿"，长大后会用一辈子去弥补一样。

大多数学生也有一个学习期待——理想假期学习（几乎没有学生会觉得假期就是玩，因为他知道即使自己这么想，家长也不会愿意，不是吗？），那么挖掘孩子的学习期待对于这个假期的意义也是很重要的。有很多家长只是按照自己的意愿安排孩子学习（刚刚结束咨询的一个大学生就正在用"不上学"做筹码，来治疗父母过去的一厢情愿带给自己的伤害），却忽略了孩子自己的意愿。

学期中的过度学习更多的是知识的堆积，学生需要一种方式让这些堆积的知识更好地"归位"，也需要一些时间来处理或消化这些堆积的知识。假期无疑是最好的时间。所以，假期能让孩子更好地在前两方面的基础上做一个系统的总结和复习，完成"知识回路"的建构，无疑是最大的学习意义。

学期中堆积的知识其实更多是老师对知识的讲解，作为学生更多是没有经过处理的"拿来"。要让知识真的变成自己的就需要通过"自学"这种方式来重新建构堆积的知识之间的内在联系，让知识在自己这里形成"回路"。

所以，从这个角度看，重建"知识回路"其实比学更多知识更重要。

另外，假期中提前预习也是假期学习的一个重要环节，通过预习完成了初级的"知识回路"，也就是建立了"我对知识的看法"，带着这种看法去听课会带给学生更多的心理惊喜，也为聆听老师的"知识回路"铺平了道路，并为老师的"知识回路"嫁接到自己的"知识回路"准备好了"母体"。

当我们这样做的时候，能为知识创造更多的附加价值。

成为学有余力学生的四个条件

在前文我们知道了学有余力学生没有我们看到的那么威武，学习困难学生也没有我们认为的那么不堪，我们可以和孩子共同努力，打破魔咒。那么接下来我们一起讨论成为学有余力学生需要具备的一些条件。

第一个条件是：能学。

人类的历史其实就是一部不断学习的历史，人类在学习中得以不断进化、不断创造、不断改变，所以学习已经成为人类的一种本能。但是我们今天所说的"能学"是指智力条件。虽然智力并不是衡量一个人成就大小的唯一标准，但是在学习中它仍然占有一席之地。

1998年珍妮特·沃斯（美国）、戈登·德莱顿（新西兰）合著的《学习的革命》一书出版，该书彻底颠覆了以往的学习理念，被誉为"通向21世纪的个人护照"。书中说，一个人如果能够发挥一半的脑能，能学会42门外语，拿到12个博士学位，背会大英图书馆1000万册图书……

第二个条件是：想学。

"想学"是一种心理意愿，它将点亮学习的状态。

一个生命来到这个世界的时候，就已经开始对这个世界充满好奇，但是我们的教育却让很多孩子失去了对这个世界的好奇。所以，我们做了相当多的工作去唤醒这种意愿，其实，家长需要做的就是在生命的早期去维护和延伸这种好奇。

现在很多孩子厌学的背后其实是好奇的丧失。这也是我们LATS学习力的初心：让所有的孩子都能重新充满好奇，成为自己学习和人生的主人。

第三个条件是：会学。

学习是一件需要智慧的事情，不容易，但也没有那么难。

学习是一件事情，也可以说是孩子一生的"事业"。按照做事的逻辑，做任何事情都是有方法的，这个方法本身也是学习的一部分，而且是可以事半功倍的部分，甚至是比前文所讲的知识更重要的部分。

本书会按照年龄，给大家分享不同年龄阶段的学习方法，以供家长和老师参考。

第四个条件是：坚持学。

我们已经走过了"粗糙的机会主义"，开始走向"精致的完美主义"，如果想获得更加长远的发展，那么势必要学会坚持。在坚持中沉淀，在坚持中雕琢，在坚持中完美。

学习从来都不是一蹴而就的。《三国志·魏志·王昶传》中有"夫物速成则疾亡，晚就则善终"一句，来形容学业、成才和事业也甚恰当。

四个条件中的每一个都是学习所需要的，也是成为学有余力学生的前提，将"能学、想学、会学、坚持学"融会贯通并内化为自身和孩子的一种修养，定会开启一个不一样的未来。

教学中要注重学生"情商的培养"——以数学教学为例

孩子成功与否和情商有很大关系，在数学教学中常会碰到这样的学生：智力没有问题，但一说到数学简直就像擀面杖吹火——一窍不通。我们不妨从心理学的角度分析一下这类孩子，他们往往贪玩、好动，缺少学习主动性，而且知识掌握得不扎实。这些基础和习惯都不好的学生学习成绩往往不理想，而成绩不理想又使他对数学课丧失兴趣，于是上课心不在焉，作业敷衍了事，形成恶性循环，最后只好放弃学习数学。因此，教师一方面要构建良好的学习氛围，让学生在轻松愉悦中体会学习的快乐；另一方面要鼓励学生增强心理耐受力，甚至必要时进行挫折教育。

根据我的体会，具体做法有以下三点。

一、与学生共同创设良好的学习情境

良好的学习情境可以为学生奠定一个良好的心理基础，让他顺利地进入教师所引领的教学过程中来。新的课程标准强调数学教学应遵循学生的心理规律，强调从学生已有的生活经验出发，让学生亲身经历将实际问题抽象成数学模型并进行解释与应用的过程，进而在获得数学理解的同时，使思维能力、情感态度与价值观等得到发展。还原于生活的数学可以使学生对其有一个具体形象的体会，又不失亲切感，同时也便于教师与学生共同创设良好的学习情境。例如，在讲解"黄金分割"时，有一位老师是这样处理的：首先导入一段短跑名将刘翔在 2004 年雅典奥运会夺冠时身披五星红旗的录像，再由五角星——包涵生动的黄金分割知识的几何图形，引出这节课的课题"黄金分割"。这样不仅使学生在不知不觉中了解到生活中其实也蕴藏着如此多的数学知识，而且又对学生进行了一次深刻的爱国主义教育，同时也在不知不觉中和学生一起建成了他们所喜爱的学习情境。同样，为了使学生体会数学知识的实用性，在教学中，教师也应适当安排一些与同学们的生活息息相关的内容。如八年级数学"相似多边形"一章中有节课是测量旗杆的高度，

该节课的教学让学生亲自动手测量了学校旗杆的高度，这让学生对相似三角形的理解更加深刻，最后整节课的教学效果也很不错。从以上两例不难看出，当一个良好的教学情境被创设以后，学生的情商得到激发，同时整个教学也向成功迈出了一大步。

二、帮助学生在数学课堂中确立正确的情意

学生在学习中所表现出的不良情商多数集中于情意这一环节，造成学习动机不明确、对学习缺乏兴趣、受到一点儿挫折就一蹶不振。教师可以尝试以下解决对策。

1. 注重引导，让学生确立正确的学习动机。

数学知识有其独特的逻辑性与系统性，新的课程改革以后，教学的内容也更贴近学生的生活了。虽然学习的时候要花一点儿力气，会遇到一定的困难，但数学是人类文化的一种，学好数学大有益处。教师在数学教学中可以适时引入一些数学家的故事，来坚定学生学好数学的决心。例如，在学习"勾股定理"这一节课时，给学生介绍这个定理在西方叫"毕达哥拉斯定理"，因为西方学者认为是毕达哥拉斯最早发现了这个定理，其实这个定理在《周髀算经》中早有论述，比西方的毕达哥拉斯早1000多年。然后给学生介绍中国古代数学发展过程中的一些重要人物，以及以他们的名字命名的定理、原理，如刘徽原理、祖（冲之）率、杨辉三角等。最后激励学生认真学习，希望今后能用他们的名字来命名某个定理。通过这种方法可以帮助学生确立学习的动机，激发他们学习数学的潜能。

2. 注重教学方法多样化，激发学生的学习兴趣。

教师可以在每一节数学课中根据内容的差异，运用不同的教学形式，如教师讲授法、实物观察法、学生实验法、小组讨论法、多媒体演示法等。正如新课程标准中所指出的，要让学生多"做"数学，并且参与数学知识的建构过程。相信通过这样的教学，学生的兴趣会一天天高涨起来，有了浓厚的兴趣，学好数学就不是问题了。

3. 注重激励教育，增强学生的心理耐受力。

新课程标准中有这么一段话："让学生在他人的鼓励与引导下，能积极地克服数学活动中遇到的困难，获得成功的体验……"现在的初中生独生子女比较多，大多数孩子的心理耐受力较差，一遇挫折（在数学中即为难题），或停滞不前，或向后退去。有时，有些学生在遇到稍需要动脑筋的学习内容时也会出现以上反应，所以在教学中教师不妨多激励。要知道，激励能够整顿学生的情绪，让他们朝着一定的目标努力，并能增强其注意力与创造力。在每一次的模仿练习中，当一些学习有困难的学生初尝成功的甘甜时，教师应抓准时机及时给予表扬；同样，在学生们受挫时，教师应注意多以鼓励为主，强调"失败乃成功之母"。我觉得做得比较好的是有一次通过班会的形式，结合亲身体会向学生介绍如今的竞争非常激烈，但很多事情贵在坚持。学习的确是一件很苦的事，即使现在学习不好也不应该放弃，这种不言放弃的精神对你将来的发展是很有帮助的。然后通过具体的事例引起了学生的共鸣，最后大家一致同意把刘欢的《从头再来》作为班歌共同吟唱。这种教育形式取得了很大的成功，在很大程度上增强了学生的心理耐受力。

三、注重乐观教育，营造良好的心境

乐观就是以宽容、愉悦和积极的心态去看待周边的现实世界。美国心理学教授马丁认为："乐观是一个人成功的重要因素。"因此，培养学生的情商也要注重乐观教育，为其营造良好的心境。

美国心理学家米勒和戴尔纳通过调查研究发现，乐观的人大多自爱、自信、自我控制能力强，且性格外向，易与他人认真交往。鉴于此，教师应通过课堂中基本题的练习，增强学生的自信心；在新授、复习中设置合作学习版块，培养学生的社交能力，引导学生的求异思维（一题多解），培养他们的辩证思维能力；努力挖掘每个学生身上的幽默感，让"苦学"变为"乐学"，让他们都能以轻松的心情对待学习中的一个个挑战。

家长篇

如何制订暑期"玩学计划"

玩与学实际上并不冲突,但是自从孩子上学以后我们就将玩与学从理论上彻底地分开了,并开始按照这种理论要求孩子,孩子便因此踏上了漫长的被撕裂之旅。

孩子出生以后,他所做的一切都是有意义的,我们也认为孩子的任何一个动作和微笑都充满了意义,甚至都会给我们带来无限的喜悦与幸福。但是随着孩子逐渐长大,我们不再认为他想做的一切都有意义,并且开始按照我们的"认为"去教育孩子,认定我们教育的东西才有意义,其他的都没有意义。当孩子上学了,我们出于"对学习的信仰",认为只有学习才有意义,其他的都没有意义或微不足道。但是我们又无法描述其他所有的一切,就用"玩"来替代了,也因此将学和玩彻底对立。而事实上我们不仅仅是将学和玩对立,而是将学和其他所有的一切对立了,包括洗衣、做饭等基本的生活技能。

关于暑期,我们归总"玩""学",制订一个玩学的计划,让孩子过一个不一样的完美假期。

首先,计划的原则。

原则一:时间宽松。这可以让孩子有更多的时间用于自由支配,发展自主思考。

原则二:任务轻松。轻松的任务可以让孩子不受外力驱使,去发展内力(内部动力)作用,并提升成就动机指数。

原则三:关键在执行。计划的意义在于执行,不在于纸面,执行的意义在于结果实现。执行的同时可以发展孩子的能力与意志。

原则四:在沟通的基础上微调。微调空间用于应对突发情况,利用沟通(自我沟通及与他人沟通)实现整体意义。

其次，计划的类型。

类型一：线状计划，即几点起床，几点到几点做什么，按照时间顺序流水线式地安排一日活动，一直安排到几点睡觉。

类型二：块状计划，即把一天的时间分成三个或四个时段，如上午时段、下午时段和晚上时段。

很明显，线状计划很完美，而我们做大人的都喜欢完美，如完美的孩子。所以，孩子做这种计划其实可能是为了讨好大人。

线状计划的弊端在于执行难，之前见过孩子做这种计划，当做不到的时候就会彻底放弃，并对做计划这件事彻底绝望。

块状计划相对来说更加"留有余地"，大人自身不用绷得很紧，孩子也有了更多发展自我与自主的机会与可能。

最后，计划内容的安排。

"玩"与"学"在暑假因"我"的出现而发展融合，意义自然非同凡响。

"你让我看到了以前我不愿看到的那片黑暗"

"我一直都觉得自己很拽，但是随着年龄的增长，我发现自己表现得很拽的时候心里是虚的，这让我感觉无所适从。别人可能感觉不到，但是我心里知道，而且我越来越觉得不舒服，不知道自己能做点儿什么，但是总想做点儿什么！"

这是多年前一个学生归国后与我见面时说的话，很贴切、细腻，表达也很真实。当时他还是个中学生，现在已经是一个即将毕业的研究生。当时举家努力使其出国，当然他的父母也像很多送子远游、出国的父母一样，有着"无论自己如何，坚决不能让孩子在外面受半点儿苦"的心理，所以让孩子在国外享受着比国内还好的生活。一切都那么自然而然。

"我也不知道我将来想做什么，对什么感兴趣，对做什么最有感觉，以及我喜欢什么。好像以前偶尔想到过，但是从来都不愿意正视或者去深入地思考，那里就是一片黑暗，思考的光只是偶尔会照到那里，今天，你让我看到了我不愿意看到的那片黑暗，让我知道了那里究竟是什么……"

这是一个即将上高三的男生在结束咨询时说的话，简单而深刻。可能因为还没有上高三的缘故，他对高考及社会的认知基本停留在自己的想象里（当然，想象的依据是父母提供的虚拟社会环境）。但是人的大脑很神奇，它可以让我们通过省思与共情不断学习与成长。

两个不同年龄的学生，内心却都有一片自己未知的黑暗，不同的是第一个学生是自己在现实里意识并体验到的，第二个学生是在别人的引导下意识到的。他们所面临的那片未知的黑暗，其实就是自己对未来的那份缺失的观照与觉察。

那么究竟是什么让他们失去了对未来的观照与觉察呢？我想可能是父母在教养过程中忽略了孩子的"自我入驻"，只是更多地关注孩子的物质需求，让他们更多满足于当下的满足。同时，父母又生活在对未来的焦虑之中，所以在面对孩子的时候，其实更多的是一种"错频式存在"。这种错频让父母的内心很分裂，于是想方设法地为孩子设计未来并要求孩子遵照执行，但是我们又忽略了孩子真正的未来和我们给他们创造的未来其实并不是一个东西。

其实，无论是过去、现在还是将来，人的发展是在动态的平衡里进行的。但是父母用自己的"努力"破坏了孩子这种动态的平衡，孩子也自然而然地接受了这种破坏（因为孩子都足够爱父母），并心安理得地享受着这种破坏带来的种种"收益"。

发现自己内心的每一片黑暗，也许就能获得重生的机会。

寒假不要再让孩子"知识消化不良"

寒假如期而至,越来越多的家长又开始了新的焦虑:"究竟怎样安排才能让孩子的假期过得有意义?"当老师忙碌着通过布置作业来安排孩子寒假的同时,作为父母的我们又该如何安排?

"不怕同桌是学霸,就怕同桌过寒假",似乎一放假孩子们又要进入不见硝烟、兵不血刃的战场,开启一个比平时更加拼命的学习状态。

而作为孩子,似乎并没有这样的感觉,他们渴望放假,想象着自己的寒假应该如何玩得更嗨,但是在家长与老师的"内力"推动下,似乎还有些许恐惧。

作为一名心理咨询师,我看到了家长和老师深厚的"内力",也看到了诸多学生的"内力"似乎也不逊色,他们想方设法地赢得"更嗨"的时间与机会。

作为父母和老师,不解也由此产生:孩子为什么就不能趁着假期好好补补功课,下学期好轻装上阵呢?于是想方设法地让孩子"补",而孩子却在想方设法地"堵"或者"赌"。

对于孩子而言,生活是学习的"胃",而在我们的教育下,孩子没有了"胃功能",因为我们唯分是举,只关注孩子的读书、作业和考试,根本不在意孩子是否有生活技能、兴趣爱好,是否有情感体验,是否有梦想,这就造成很多孩子在学习上患了"知识消化不良症",而我们却浑然不知。

但是孩子的潜意识是知道的,所以他们想要做很多的事情:彻夜玩游戏、看小说、约见同学好友、旅游、追剧、追星、跳舞等。也许他们也不知道自己为什么要做这些,但是他们知道做了这些以后自己感觉"爽多了"。因为他们在做这些事情的时候,活化了自己的"胃功能"。

那么寒假做什么可以更好地活化孩子的"胃功能"呢?

1. 睡懒觉。

我们真应该承认上学的孩子是最勤奋、最辛苦的,每天早晨第一班公交车上最多的就是学生,他们每天连睡懒觉的机会都没有。所以我强烈建议在假期初期家长要让孩子补补觉。

不要臆想孩子整个假期都会睡懒觉,这只是"父母逻辑",我们有放大孩子一切行为的本能,也因此才会在面对孩子时"诚惶诚恐",孩子却"稳若泰山"。我们要发自内心地相信孩子有足够的睡眠后,一定会停下来思考"我需要做点什么"来寻找认同与价值。

充足的睡眠是让孩子呈现人的状态的最简单方法,也会让孩子提高身体免疫力,这对于"知识消化不良"是有绝对好处的。生病本身就需要休息,不是吗?

2. 找刺激。

很多孩子在父母"密不透风"的关注、控制与爱里,慢慢地退化掉了人类冒险与挑战的本能,失去了本该有的活力与激情。

在我接触到的孩子里,从幼儿到大学生,从他们的身上可以看到我们似乎提前完成了对孩子一生的教育:幼儿阶段的古灵精怪、小学阶段的困难挫折、中学时代的沧桑巨变、大学时代的老气横秋。

找刺激的方式有很多,有的家长和孩子一起来一个说走就走的徒步旅行,有的孩子单独一个人去韩国看演唱会,有的孩子完成了一个制作航模的挑战,有的孩子体验了清洁工工作,还有的孩子体验了一把"夜不归宿",彻夜"穿越火线"……

找刺激可以拓宽孩子的心理空间,增强孩子的"胃容量",让他可以在更加广阔的天地里寻找自己的位置。

3. 做家务。

家务劳动是一个看似简单,实际上不简单的事情,例如扫地、拖地,表面上看是简单的重复动作,但要坚持一个假期并不那么容易。做家务的过程能体验到家的温暖、满足的喜悦,对于青春期的孩子"逃离家"是有明显疗效的。

孩子通过做家务可以让更多的课本知识回归生活本源,让知识碎片在做的过程中慢慢"黏合"成自身的一种素质与修养,也能因此具备照顾自己的能力，不会成为他人与社会的负担。毕竟对于孩子来说，家就是他最初的世界。"一屋不扫，何以扫天下"，声犹在耳。

家庭里的每个人通过做家务，体验"在一起"的爱，获得满足，享受成果，天伦之乐油然而生。

4. 做运动。

运动似乎天生就有一种正面作用。是的，尤其是对于孩子，处于身体与神经系统发育的黄金时期，运动可以迅速帮助孩子在学习上建立"通道"，让学习在"通道"里流动，融入身心的各个角落。

寒假期间的运动可能不像夏季运动那么火热，但是寒假做一些室内的静态运动是没有问题的，这也更加符合"冬藏"的规律。

运动后的孩子会有更强的"胃动力"，让他在学习上建立更多的"通道"，学习自然事半功倍。

5. 养兴趣。

兴趣是学业的"意义"，兴趣是职业的"源点"。

在机械的"读书—作业—考试"的无限循环里，孩子们发自内心的兴趣被彻底淹没，兴趣甚至成为孩子内心深处的奢望。有的孩子是在偷偷摸摸的状态里培养兴趣，有的孩子是在与父母的对抗里失掉兴趣。但是我们无视孩子兴趣的结果是：很多的大学毕业生仍然迷茫，找不到自己的方向。

养兴趣可以让孩子为学习找到一个意义，有意义就会有动力，有意义就会有价值。任何一个兴趣都可以整合学科，整合世界。

寒假，说长不长，说短不短，不要让孩子在"堵"与"赌"里度过，也不要让孩子继续"消化不良"，我们可以让孩子选择"增强胃动力"的方式，过一个不一样的全新假期。等到开学，孩子会用一个全新的状态、全新的成绩回报你！

自学，是解决学习成绩问题的唯一出路

现在，我们对孩子学习成绩的关注甚至已经超过了对孩子本身的关注，这是一件让人痛心的事情。我们的这种过分关注直接导致孩子越来越不会自主学习，甚至把学习当成了体力活，觉得是为父母和老师而干。所以，我们发现，孩子的学习越来越离不开父母，孩子的成绩也都变成了父母的成绩。

那么我们应如何培养孩子的自学能力？

首先，我们必须看到一个事实：学习跟别人没有关系，所有我们认为的关系都是我们自身的一种幻想。

我们幻想好学校能培养出人才，我们幻想好老师就一定能教出好学生，我们幻想辅导班能拯救孩子，我们幻想家教能提高成绩……其实，我们都深知其结果，但是我们仍然深信"别人"，唯独不信自己和孩子。

其次，学习动机决定孩子能走多远。

孩子的动机发展会经历三个阶段，即附属动机、自我提升动机和认知动机。随着孩子年龄的增长，我们的教育就在于让孩子的这三个动机螺旋式上升。从附属于父母和老师的学习向自我提升的学习过渡和转化，从自我提升的学习向认知动机的学习过渡和转化。

但我们很少和孩子探讨这类问题，没有让孩子站在一个更远的地方去看待学习，相反却总是为了一次好成绩而学习。

再次，学习习惯影响一生。

通过研究学生的认知系数，我们发现：小学三年级和高二的认知相关系数为 0.82，初一与高二的成绩相关系数达 0.90。也就是说，学生高二成绩在有 82% 是可以在 8 年前预测的。一个学生在小学三年级是否养成良好的学习习惯和在初一是否掌握良好的学习方法，直接决定高二的学习成绩，甚至可能产生更为深远的影响。

最后，探讨学习过程比关注成绩结果更重要。

家长只关注成绩，不关注学习。孩子总是处于对成绩本身的恐慌或无所谓的状态里，因为他们也像老师和家长一样，只要结果，不要过程。

殊不知，成绩是学习的结果。

在学习心理学的研究里，学习的整个过程中只有"听课"一个环节和老师相关，而其他环节都和别人没有关系。但是现在我们监控了孩子的所有学习过程，让学习的每一个环节都和我们有了关系，却变得和孩子没有了关系。

我非常喜欢一句话：我们永远不可能教会一个人什么，只能让他自我发现，所有学习的结果都是自我发现的结果！

让孩子发现自己的天赋

人类拥有相同的生理感官、相同的大脑结构、相同的内部器官与生理系统，而且可能做一些相同的事情。这意味着我们具备了人类普遍所具有的天赋基础。

天赋分为两种：一般天赋与特殊天赋。每个人天生都会拥有一项或几项绝活儿。人的成长与发展过程是一个不断发现自己天赋的过程，然后利用这个天赋不断发展自己，进而不断地实现自我与超越自我。

教育的过程应该是不断地磨炼与发现这种天赋，而不是阻断天赋的发现。但现实是，我们在孩子发现自身天赋的路上填充了太多的障碍，其中最大的障碍是我们认为是重要、唯一且充满力量的东西——知识。

我们发现知识越来越多，但其作用越来越弱，甚至我们会有在知识的海洋里迷失方向的感觉，"不知道哪个是对的""好像都有道理""好像都是对的"。就像前几天一次授课中一个学员所说的："学得越多感觉越乱。"当我们没有发现自己的天赋时，所有的知识都孤零零地漂浮着，找不到归宿与方向。

发现孩子的天赋有三个基本的原则：

原则一：让孩子发现"我的生命是独一无二的"。无论在生物学意义还是文化意义上都是这样。这种独一无二性本身就可以让我们确信所有的答案都在我这里。所有他人都是我们可以选择使用的参考，为我们发现天赋提供了无限空间。

原则二：让孩子发现"我可以创造我自己的人生"。我们会被过去影响，但不会被过去决定。人类的基础天赋可以指引我们创造未来。当我确信可以创造我自己的人生的时候，我就有了更多的自主与空间。

原则三：让孩子发现"生命是一个有机体"。生命的过程不是流水线式的线型结构，而是一个不断即兴创作的过程。所有的行为、所有的想法和体验都是生命这个有机体的一部分。当把生命作为一个有机体，我们就会更加接纳与包容自己、他人、世界。

发现自身的同时，协助孩子发现自己的天赋并加以合理运用，是为人父母基本的技能，甚至是孩子眼中"理想父母"的一种"美德"。

养育危机是孩子成长的契机

"我的孩子上初一,前一段在同学的诱惑下竟然去了网吧和KTV,我吓坏了,就打了他,当时他说不去了。可是昨天同学一喊他,他又去了,气得我又打了他。我也想忍着不打他,可实在忍不住了……"

"我的孩子今年上初二,前天竟然偷偷拿了我的钱,我发现后打了他,问他为什么要拿,他三缄其口,让我很苦恼。我知道打他不是解决问题的方法,可我确实不知道该怎么教育叛逆期的孩子,孩子平时就不怎么爱说话,现在更不爱说话了,我愁坏了……"

…………

从描述中我们可以看出,这是两个青春期的孩子,而且都是男生,并且两个家长都出手打了孩子,结果就是家长束手无策,进行了求助。

首先说青春期的男生。他们在进入青春期以后对自己有一种盲目的自信,有一种"瞬间长大"的自我感,并以自己的方式做自己想做的事情,想通过各种充满刺激或挑战的方式进行"群体融入"尝试。一旦有人提出一个他们没有做过的事情就会有集体去尝试的强烈意愿,他们想通过这种方式实现"共患难,同享福",以此共同经历来增进归属感与人际融合。此种现象女生也常会有,但是由于女生的情感比较丰富与复杂,比男生有更多的顾虑,所以,女生基本是"想得多但是做得少"。

这两个男生去KTV就属于他们的一次"冒险"尝试。

从这个角度来说,父母应该带着理解与好奇了解所有过程,形成对于孩子心理需求的接纳与认同,然后帮助孩子总结与评价这次"冒险"带给自己的经验、发现,最后发表自己的体验与观点。

当这一切完成后,其实孩子已经开始形成对此事件的整体认知,进而也扩大了孩子对于世界的认知,并形成"我的想法"。

我们必须要承认"我的想法"的力量,尤其是对于青春期的孩子,他们没有形成固定的世界观、人生观与价值观，所以他们需要经历来填充，需要这种我们认为的"危机"给自己创造机会。

其次说需求。第二个家长的提问，攀比心理是延续了小学"竞争与合作"需求的未满足，很多孩子看到他人有的，觉得自己也要有，这是小学中高年级学生的基本心理需求。但是现今物质丰富的环境已经延迟了孩子们的这种心理，在初中出现也属于正常。

物质需求背后的心理需求是需要父母来挖掘的，这个过程就已经是在进行教育了。但是很多时候我们并没有去做这件事，只是表面同意或者拒绝。这种表面的同意或者拒绝其实强化了孩子的需求仍然停留在表面，不能深入自己，因为青春期的孩子自我深入的能力是极度匮乏的，这很容易导致亲子间的"表面战争"。这种"表面战争"很容易在第一次"拿钱事件"发生后出现第二次。因为被打一次的成本很低，而自身需求没有满足的那种心理上的痛苦和难受的成本很高（至少在孩子那里是这样的）。

孩子不说话，我们可以有两种理解，一是孩子习惯性沉默，二是孩子在沉默里进行"自我平衡探索"：等待着你打完骂完心理就平衡的那个结果赶快出现。

所以，我们要通过孩子这种"偷拿"行为，走进孩子的心里，看到行为背后的动机、想法和思维方式。这是绝好的机会。

最后说家长的打。打是一种暴力行为，暴力是一种情绪释放的极好方式，情绪释放后会有一种快感（大脑释放多巴胺）。这对于纯粹的施暴者来说是痛快的，但是对于父母来说不尽然，因为他们对孩子还有期望，当期望不能满足的时候，这种暴力只是一种浅层次的释放，痛快的感觉永远不会出现。

其实，青春期的孩子最不怕的就是父母的打，甚至会用一种阿Q的逻辑：我一定会打过你，但是我不打你，我不打你我就是高尚的。他们会在内心里鄙视你，看不起你。在你打他的过程中，他会把父母从内心里一点一点消灭掉，最后彻底不把你放在眼里。

所以，青春期的孩子最好不要打，你虽然在行为上打了他，但是处于"心理自我"发育时期的他们，会在心理上把你们打败，这不利于孩子以后的人生发展。

当然，如果是触碰底线的问题，父母也可以打，但是打过以后一定要有化解危机的能力，这个化解的过程就是将危机转化成契机的过程。为你的打道歉，是一个不错的方法。

打与不打都是一种极端，关于打与不打的讨论也没有意义，毕竟打也是一种教育方式，关键是父母要有转化危机的能力，这是前提条件。

养育危机是我们做了父母以后，拿着我们的世界与孩子的世界进行融合的时候必然要经历的。

养育危机从来都是孩子成长的契机。我们看到契机，就应该给孩子更多的空间，抓住契机，让孩子的成长之路走得更加顺畅，拥有更幸福的未来。

允许孩子纠结

高考结束，很多孩子在报考的问题上，开始从过去的恐惧变成纠结，考得好的为如何报得更好纠结，考得不好的为选择复读还是高职高专纠结，有的为是否要出国而纠结，还有的在为就业纠结……

纠结成了高考生及其家长这段时间的主题，来咨询的学生普遍如此，但是我看到的情况是似乎家长比学生多了一层纠结，即见不得孩子纠结。也就是说，家长除了纠结孩子的未来选择外，还为孩子的纠结而纠结。

"考得还可以，也有几个学校可以选，但是我一看他总是拿不定主意的样子就着急，一说他就把我轰出来，有什么可纠结的？"

"就考那个成绩还有脸难受，早干什么去了……不过看着他天天着急，把自己关在屋里，我也替他难受，我也不知道该怎么办……"

"现在确实很难选，想走一个好学校难，所以有不少亲戚朋友说可以出国，还有的说最好复读，还有的说……唉，总之太乱了，我都觉得乱了，孩子更乱了。看着孩子天天不知道该怎么办的样子，我们急啊！"

听着家长们的话，我琢磨了两点：

第一点：孩子缘何如此纠结？

第二点：孩子纠结又如何？

细细琢磨第一点，似乎和我们及我们的教育是有关系的，因为我们有点儿迷信地"信仰着高考"，但是信到最后还是要靠我们自己，心里多少可能有点儿失落。高考与未来更多是"我想要什么"的具体体现，但是我们的教育对学生的要求是拿分，拿到最后发现高考只是实现梦想的一种"管道"而不是终极目的。作为学生，无论考得好与坏，我们都知道自己想要的是什么，当然也就不会如此伤神地纠结了。

对于第二点，这种纠结其实是一种自然而然的结果，对于孩子并没有什么不好，反而恰恰给孩子营造了一个独立面对自己的过去、现在与将来的机会。

作为他们的家长，如果说我们过去没有为孩子实现梦想做点儿什么，现在能做的也许就只有"允许孩子纠结"，让他在纠结里找回真实的自己！

看着孩子纠结，舍得让孩子纠结，受得了孩子纠结！纠结可以让孩子的内在世界与外在世界连接起来，让孩子更加充满力量。其实，可以允许孩子做的不仅仅是纠结……

溺爱孩子其实是宠爱自己

每个做家长的都已经非常清楚一个事实：不能溺爱孩子，否则就是在害他。但是我们都没有做到爱而有格，爱而有度。究其原因，其实是我们每个人宠爱的不是孩子，而是自己。我们把孩子当成了自己的一个替身，千方百计地要求孩子必须按照我们的意愿去做事情、去学习和成长。

即使是我们不教育孩子，他们也是要成长的，因为这是一种伟大的生命本能。只要我们每个人都做好了自己，找准了自己的角色定位，其实教育就已经存在了。所以，我很相信《教育是没有用的》的作者林格老师的说法："大量的家长和教师在学生面前赤裸裸地实施教育行为，但是当孩子意识到自己在受教育的时候，教育已经失效了。"是的，教育本身即是一种无形的集体潜意识的自然传递与进化。当我们都在关注的时候，这不是在进行教育，而是在进行交易。

家庭教育的根本是亲子关系，亲子关系的核心是爱，然而很多家长却将我们的关注点从关系与爱转移到了"前途未来"，转移到了"面子情绪"。所有的这些转移都是方向性的偏移，所有的教育行为都在围绕着"学习"转动。这样会是什么结果，我们可以想象。所以很多孩子都会告诉我："学习是我自己的事，可是当他们时时处处干涉我的时候，让我不得不觉得学习就是为了他们！"是的，这是孩子的心声，其实也道出了家长的自私。只是他们给出了一个万能的爱的理由：为孩子好！既然是为孩子好为什么孩子却感觉不到好呢？为什么孩子却不领情呢？因为孩子的本能潜意识比家长更理智、更清醒：成长需要的不仅仅是学习成绩！

溺爱分为两种：一种是替代式包办；一种是放纵式不管。

替代式包办，其实是源于自己不自信导致对孩子不信任，为了让自己心里踏实、平静，所以就以"孩子做不好就不让他做""让做他也不做"为由包办所有，剥夺孩子探索、尝试、成长与生存的能力。同时替代式包办的家长坚信可以通过自己的意愿与方式将孩子塑造成材，但是无论他们为孩子设计得多么完美，其实都会让孩子觉得自己没有价值，最后要么成为啃老一族，要么就觉得自己不是为自己而活！

而放纵式不管的心理学基础在于为了实现自己偷懒的目的就以"工作忙没有时间"为借口来实现自我的心理平衡，让自己的孩子在放纵中迷失自我。其实当孩子迷失的时候家长才会意识到原来是自己的迷失造成了孩子的迷失。

这一切都源于家长以"爱孩子"的名义来宠爱自己。

要获得一种理智的爱对于家长来说的确是一个挑战，因为父母必须要承认一个客观事实：孩子是一个独立的生命体、一个独立的人，不是家长的私有财产和附属品。也许很多家长认识到了这一点，但是要做到却没有想象中那么简单，于是最终还是选择了最简单的、最懒惰的本能的溺爱。

所以，我们爱孩子的时候首先要觉知自己究竟是在爱自己还是爱孩子，当我们能觉知的时候就知道该怎么去爱孩子了！

"爱"在教育与人类发展中的意义

爱是什么？"大爱""博爱""仁爱"都是对爱的一种呼唤或引领，但是爱究竟是什么？

在研究心理学的过程中，我开始慢慢关注到生物心理学，想从这里找到更多的心理与行为活动的源点，也想从这个角度了解到人类究竟为什么渴望爱。慢慢地似乎有了一些发现，当我们用生物心理学的角度去看"爱"的时候，似乎能看到关于"爱"的更加客观的诠释。

爱是我们对关系需要与状态的一种高级诠释，准确地说只是关于感觉的一种描述，慢慢地这种感觉发展成了一种认知，也就是我们普通意义上对"爱"的一种理解：奉献、付出、责任、担当……

从生物学的意义上来说，爱就是垂体分泌的一种叫苯乙胺的碱性化学物质，它可以提升细胞外液中多巴胺的水平，进而又通过神经系统增强我们的感受力，也就是爱的感觉。

所以，从这个意义上来说，爱并不是单一的特指，它是内分泌系统与神经系统发生关系后出现的一种"症状"。但是这种"症状"指向美好（因为只有在美好面前才出现分泌，才发生关系）。

回到现今的家庭教育，我们习惯性地将爱提升到更高的认知层面，给爱赋予我们认为的意义，比如奉献、付出、努力和责任等，然后以总结的这些特质作为标准来评价孩子，判断孩子有没有爱心。其实，这只是主观判断，忽略了爱的前提条件是发现美好。孩子生下来本身就是一个"美好"，如果在教育中不再把孩子当作"美好"，我们就不会分泌更多的苯乙胺。我们没有爱的时候，孩子当然也不会分泌苯乙胺，也不会有爱。

所以，有一点是对的，那就是父母带着不断发现孩子身上"美好"的姿态去教育与引导孩子，就是爱自己（自己分泌苯乙胺），这本身就已经是在爱孩子（他也会发现你的美好，然后分泌苯乙胺）。这样的结果就是我们都越来越指向美好。就像一首歌唱的那样，"只要人人都献出一点爱，世界将变成美好的人间"。所以，爱很神奇，当你有爱的时候，你也在获得更多的爱。

爱之于人类也是如此，当我们都带着发现美好的眼睛去发现、去看到美好的时候，美好就会不断滋养我们，这个世界也在滋养我们。

同时，爱也是我们的一种情感，而且是我们所有情感的源点，情感的发展会促使认知慢慢长大。认知的意义是让爱更有指向，更有效率，所以，从这个角度来看，认知又发展了情感。对于孩子，首先发展的一定是作为一个自然人的情感，而不是认知；但是，现在的家庭教育却忽略了这一点，只是在培养认知，这就让很多的认知找不到可以发生关系的对象（情感），所以每当高考结束都会发生大规模的"数据删除事件"（数据是一种高级认知）。

脑科学研究也发现，情感是一切认知的源泉。而能够给孩子提供情感发育所需土壤的就是家庭。

如果做一个更加形象的比喻的话，可以把自己当作一个马车，我们走向幸福需要两匹马，爱（情感）是我们找到的第一匹马，智慧（认知）是我们找到的第二匹马，终归是要两匹马并驾齐驱才行。

你会爱吗？你学会爱了吗？

父母的"犯错恐惧"可能会屏蔽孩子一半的世界

从出生开始，我们就在不断地犯错误，随着年龄的增长，犯错误的比例呈"枣核状"，刚开始可能比较少，然后越来越多，到青春期及青年时期达到顶峰，然后再逐渐减少，一直到60岁"随心所欲不逾矩"。究竟犯过多少错误，可能没有人统计过。

我们接受的教育是犯错即不好、犯错即羞愧。所以，我们经常为犯错感到不齿和恐惧，久而久之，我们得了一种叫"犯错恐惧症"的"病"，然后带着这种"病"影响并教育着孩子。

昨天晚上，女儿把爱人的化妆品挤到了菜板上，要给菜板"化妆"，爱人很生气，直接制止了她：夺过瓶子，很生气地收了起来。然后女儿很委屈地跑到卧室哭了，我跑过去问了一句："需要爸爸陪你吗？"女儿很生气地说："你走……你走……"我离开的时候说："你自己哭一会儿，如果需要爸爸陪，你就叫我。"女儿没有说话。

过了一会儿，哭声小了，爱人似乎感觉到了什么，径直走向卧室，我也不知道她具体跟女儿说了什么，用了什么样的方式（母亲总会有一些很神奇的力量，瞬间化解一切危机，做父亲的不得不佩服），总之，她们很开心地一起出来了。我也没有问，只是抱起女儿亲了一下。最后她们又一起收拾了那些被化了妆的"玩具"，女儿也知道了水才是菜板最好的"化妆品"。

孩子在"合一"的世界里会通过自由联想建立一切关系，犯错让他们更加了解世界，清晰后的世界变得更加丰富与美好，然后又将这一切的美好通过"自我组织系统"进行自由组装，让其变成更好。这才有了进化与发展的各种可能。

记得有一个叫史蒂芬·葛雷的科学家，一个记者采访他，问他为什么会比一般人更有创造力，是什么原因让他超乎凡人。他回答道，这都与他两岁时母亲给他的体验有关。一次，他尝试着从冰箱里取一瓶牛奶，但瓶子很滑，他一不小心把瓶子掉在了地上，牛奶溅得满地都是。

妈妈来到厨房，看到那个情景后，并没有教训或者惩罚他，而是温柔地说："哇，亲爱的，你制造的混乱还真棒，我从来没看过这么大的奶水坑！"然后又安慰他说："反正损害已经造成了，在我们清理之前，你要不要在牛奶中玩几分钟？"

他真的那么做了。几分钟后，妈妈又对他说："孩子，每次当你制造这样的混乱时，最好还是把它清理干净，你想这么做吗？我们可以用一块海绵、一条毛巾或者一个拖把，你比较喜欢哪一种？"

小葛雷选了海绵。于是他和妈妈开始一起清理打翻了的牛奶。妈妈又说："孩子，你用两只小手去拿大牛奶瓶，已经做了个失败的实验，现在让我们到后院去，把瓶子装满水，看看你是否汲取了经验，是否可以拿动它。"

后来小葛雷终于从妈妈那里学到了：如果用双手抓住瓶子上端接近瓶嘴的地方，就可以拿住它而不会掉。

葛雷说，从那一刻起，他就知道自己不需要再害怕犯错。除此以外，他还学到，犯错只是学习新东西的机会，科学实验也是如此。即使实验失败，人们也会从中学到有价值的东西。

小孩子不小心打破瓶子，弄翻碗筷，把家里弄得乱七八糟是常有的事。孩子也正是在这样的过程中探索了新的世界，发现了之前没有见过的事物，懂得了哪些东西可以碰，哪些不能碰，从而给自己建立了规则。

可是，有的父母在处理类似问题时，并不是基于孩子的成长和学习，而是为了自己不麻烦，省心、省事。当孩子打碎了瓶子时，父母不问缘由就怪孩子笨手笨脚、不听话。如果打碎的东西是父母的宝贝，孩子可能还会遭到一顿暴打。

可最终，孩子还是要独自面对生活，面对成长中各种好的、不好的、正确的、错误的事情，当我们杜绝孩子犯错的时候，只是让孩子在我们认为的"正确"里生活，这在无形中窄化了他的世界，弱化了他的成长。

"心中有好坏，不惧好与坏"，同理，"心中有对错，不惧对与错"。

也许只有这样，孩子才会在刻板与混乱间寻找到一条真正属于自己的幸福之路。

因此我呼吁家长，把犯错误的机会留给孩子，给孩子一个完整的世界！

"等待教育"是为了找到最好的结果

我们经常会看到这样的一幕：孩子在超市一个玩具的旁边哭得死去活来，家长在不远的地方歇斯底里地咆哮。威逼利诱等各种手段在那一刻全部用尽，五味杂陈的心情在那一刻全部涌出，让很多家长手足无措，让很多孩子遍体鳞伤。

我也有幸和女儿一起经历了一次这样的事，我称之为"魔法棒事件"。

前几天我独自带女儿回老家，女儿在村里一个摆摊的爷爷那里看到了一个好玩的魔方，当时叔叔就给她买了。但是转了一圈回来又路过那里的时候，女儿发现还有一个想要的魔法棒。我说明了我们的购物规则——只能买一个（这是我们之前在逛商场这件事上定好的规则，而且一直在坚持），所以我就没有同意，于是女儿开始上演各种"耍赖"行为：扔掉脚踏车、坐在地上哭，最后索性躺在地上撒泼……

我一直蹲在地上看着她"表演"，村里的同乡看到了都过来劝我："买了吧，不就十几块钱！""你不买，我给她买了啊。"……我都一一拒绝了。最后连卖东西的爷爷都看不下去了，过来跟女儿说："我们不卖了，跟爸爸回家吧！"

我只是一直蹲在地上，伸出双手，嘴里说着"我知道你很喜欢它，也很想要，但是我们确实已经说过只能买一个……"之类的话。

大概十几分钟的时间，她说："我不要这个魔方可以吗？"我说："当然可以，但是你得跟爷爷说，看是否可以换一下。"然后就陪着她一起去找爷爷换玩具，当爷爷说这个东西贵，魔方便宜，不能换的时候她又开始哭，我依然只看着等着……

又持续了大概十几分钟，女儿哭着说："爸爸，我们回郑州后跟妈妈说，让妈妈买给我可以吗？"我说可以，然后抱着女儿狠狠亲了一下，然后女儿带着眼泪笑了，高高兴兴地回家了。

在返回郑州后，我跟女儿一起回忆并描述了"魔法棒事件"，女儿在回忆的过程中可以清晰地描述自己的行为，诉说的过程让女儿很过瘾、很满足，我也如实表达我的感受和对女儿的爱。这个过程是让孩子构建"魔法棒事件"的整体意识，形成反思，进行左右脑和上下脑的整合，并从我的描述与表达里发展大脑前额叶的共情功能。

其实，孩子在三岁以后开始对世界充满各种好奇，而且伴随"我"的觉醒，就会试图用物质来"装饰"自己、"武装"自己，让自我变得更加强大。所以他们会对各种自己看到的玩具感兴趣并想"占为己有"。

然而，我们并不能无条件满足他，无条件满足会让孩子陷入"我是无所不能的"的假象里（两岁半之前也许是需要无条件满足的），而实际情况并非如此。这么做只会让孩子更加脱离现实（孩子本身没有阅历，已经是生活在幻想里了，这种状况甚至一直持续到青春期）。

那么有条件的满足可以吗？有条件的满足会让孩子"偏离"，不能专注自己眼前的需要，比如"我去给你买个棒棒糖""我们不要那个，吃冰激凌好不好？""你赶上妈妈，妈妈就给你买""你下次考前三名就给你买"等，这都会让孩子处于"错乱"的状态，不能清晰地感受自我需要。

所以，设定规则是在孩子3~6岁的时候做的。规则可以让孩子体验到"在规则内我是自由的、无所不能的，在规则外我是一无所能的"。并且这样家长也不至于一直沉浸在"买与不买"的纠结里，被动地跟在孩子"需要"后面消耗自己。

在坚守规则的过程中，我深深体会到来自周围的压力，很多时候家长的妥协真的不是来自孩子，而是来自周围的压力以及自我的控制力。

在设定的规则的基础上带着对孩子的最原始的爱耐心等待，这是我在"魔法棒事件"里最大的收获，也是女儿教给我如何去爱她的一次经历。

在女儿对这件事的描述里，我看到了孩子在哭的过程中是有思考的，不仅仅是我们在想方设法尽快结束这件事，作为当事人的孩子，她也在努力思考怎样才能尽快结束这件事。

值得庆幸的是，在我的坚持与等待里，是她自己给自己找了一个方式、一个台阶，结束了这件事，而不是我替代她解决了这件事。

魔法棒事件还没有真正结束，如果女儿再要魔法棒的话，我想我可能会考虑买给她。相信她会倍加珍惜。

回到家长自身，我们很多时候发出了一道指令，希望孩子马上做出行动，希望孩子马上按照我们所要求的去做，其实这对于孩子来说几乎是一件不可能的事情，等待的过程是孩子接收我们的"信号"后给他一个"自我加工"的过程，这个自我加工的过程让孩子开始发展他更庞大的神经处理系统和功能，并让教育成为可能。

"一分希望，三分信心，六分等待"，等待是静待花开的过程。

"千教万教，教人求真；千学万学，学做真人"，等待是我们和孩子一起发现与发掘真相与真实的过程。

有时，父母要学会等待，等待花开，等待"直挂云帆济沧海"。